授業で役立つブックトーク

中学校での教科別実践集

上島陽子 著

少年写真新聞社

はじめに

　私は長野県の中学校で司書として働いています。ある年、いくつかの中学校で生徒たちの読書傾向を知るためにアンケートを取りました。しかし結果は、一人ひとりの読む本は大きく異なり、好きな本に至ってはばらばらすぎて統計が出せないというものでした。そんな話を仲間の司書たちと交わしているうちに、果たして、心も体も成長段階にある中学生たちに、司書として一冊でも多くの心の栄養となる本を手渡せているのだろうか、と疑問に感じたのです。

　中学校の司書は小学校ほどに学校と関わりを持つことができません。それでも何とかして生徒たちに読書の楽しみを伝えたいと、教科に関連したブックトークを行うことにしました。これにより、生徒だけではなく教師の心もつかむことができ、単元の導入として行ったものが調べ学習用に発展したり、全校集会で行った後に読み聞かせの依頼が増えたりと意外な効果も見え始めたのです。

　本書では、私が実践したシナリオの中から比較的手軽に行えるものを選んで紹介しています。これらが少しでもみなさまの参考になり、中学校の司書がいっそう学校と関わりを持ちやすくなる日が来ることを願っています。

もくじ

1

ブックトークって?

1　なぜ、中学校でブックトークなのか

中学校図書館の問題点

小学校の図書館勤務を経験して中学校の図書館へ移ると、そこに司書の入る余地があまりにも少ないことに愕然とします。図書館の時間がないということは大きな問題ですが、中学生の学校生活は部活動や塾に追われる毎日で、なかなか読書をする時間が取れないことも確かです。ブックトークについてお話しする前に、まずは現在の中学校図書館が抱えるこうした問題点について考えてみたいと思います。

私が日々、感じているのは次のようなことです。

・小学校のように授業の時間としての「図書館の時間」がない
・先生方が図書館の便利さを知らない
・小学校高学年に現れ始める「読書の内容に個人差が出てきて、読むジャンルが偏る」傾向がますます顕著になる
・学年が上がれば上がるほど、生徒たちの「個人で本を買う」「友人同士で貸し借りをする」傾向が強くなり、図書館の本を借りることが少なくなる

これらを解決するのには、図書館からの働きかけが重要になります。では、具体的にはどのようにしたらいいのでしょう？

まずは先生に図書館を知ってもらう

私はこれらの問題を解決するには、先生方に図書館の便利さ、司書の使い方を知ってもらうことが一番だと考えました。

そこで、教員用の図書館だよりを作成して、〝図書館ではこんなことができます（読み聞かせやブックトーク・調べ学習の資料収集および提供など）〟〝司書は先生の代わりに必要な資料を集めます〟などをお知らせすることにしました。そして、各先生から依頼されたものはどんなことがあってもあきらめずに探し、資料提供することを徹底しました。

図書館通信（職員）NO.1　　　平成２２年４月６日（月）

先生向けの図書館通信を時々出させていただいています。どうぞ、よろしくお願いします。
私上島（脇）は、４年前よりこの辰野中学校にお世話になっています。

辰野中学では、朝読書の時間に「司書の上島」と「町内の読書ボランティ」がおじゃまして読み聞かせをさせていただいています。ただ、読書は個人的なものですし、読み聞かせをすることによって、かえって本が嫌いになってしまう恐れがあるので、「してもいいですよ！」と言ってくださったクラスにお邪魔させていただきたいと思っています。それについては、また、担任の先生と相談させていただきますので、よろしくお願いします。

学校によって、司書の立場がずいぶん違っていると思いますが、私は辰野町役場の正規職員です。月曜日から金曜日まで、朝８時くらいから午後５時くらいまで、ずっと図書館にいます。司書と司書教諭の免許はかたちばかりのものを持っています。司書として一生懸命働きますので、どうぞ使ってください。司書は使うと案外と便利なんです。

《レファレンス》・こんなこと調べてほしい。（たとえば、忘れてしまった詩の続きを知りたいから、調べてほしい。この本の作者を知りたい、など何でも。）できる限り調べます。
・誰々の本をできるだけ集めてほしい。調べ学習用の図書（テーマを決めていただけば）をできるだけ集めて欲しいなど、できる限り他の図書館から借りるなどして用意します。
・県立ほか、公共図書館からの本の相互貸借ができます。（昨年は何回もありました。）題名と作者名がわかれば相互貸借します。
・授業の内容に合った本を紹介して欲しい。などなど・・・本に関するご要望があるときは一声かけてください。できる限り協力したいと思っています。

《ブックトーク》　ブックトークは一定のテーマに合わせ、本を読んだり紹介したりする事です。できるだけテーマに沿った本を幅広く紹介します。
授業の単元導入やまとめに便利かも？

【昨年までに行ったブックトークは下記のものです】

数学の時間に・・・対象は３年生「美しい数学・楽しい図形」３時間もいただきました！
これは、数学先生と二人でしました。私にとって二人でのブックトークは初めてでしたが、生徒の心をつかむためになにをどうしたらいいのかを教えていただくことができ、楽しいものでした。
美術の時間に・・・対象は１年生。縄文土器授業の導入として一時間もらいました。岡本太郎の縄文土器に対する思いや、呪術、スパイラルなど具体的にいくつかのキイワードをいただいたブックトークでした。　２年連続で行っています。
・・・文化祭が終わったばかりで、まだ落ち着かない生徒たちが楽しみながら、かつ新しい単元の導入になるブックトークをということで「日本の文化を楽しもう！」というテーマで２年生対象でした。
社会の時間に・・・公民権運動の授業のまとめ、または導入で三浦久さん（地元のシンガーソングライター）の歌とともに行うブックトーク。２年連続で行っています。
時間があるから何でもと言われた時・・・対象３年生「わたしたちの地球を守ろう」
私の好きなテーマで、好きなようにやっていいですよ！と言われた時に、未来を担う皆さんに、地球のことを考えてもらおうと行いました。
この３年生は、１年間読み聞かせに入らせてもらっていた３年生でしたので、パネルシアターの試作品の練習にも付き合ってもらった思い出があります。
学級の時間に・・・３年の一クラスで３回連続で行いました。担任の生徒へ「こんな風に成長してほしい」、という思いを伝えるために、ブックトークをという依頼を受け、行いました。生徒には重くならない程度に、また、図書館としてはクラスに入り込みすぎないような工夫をして行いました。
理科の教諭でしたので、実験を楽しみながら、本を楽しみながら・・・でも、生徒の心のどこかに何かが残るような。．．という思いのブックトークをしたつもりです。
また、ブックトークではありませんが、英語の先生と絵本の読み合い（日本語でかかれたものと英語でかかれたもので同じ内容の絵本を使って）をして、日本語の響きの素晴らしさ、英語のリズムの面白さなどの比較もしました。

先生方の急なお休みや、補充の時間には授業の始まりの１５～２０分程度いただいて、読み聞かせ・ミニブックトークもさせていただいたりもします・・・どうぞよろしくお願いします。

昨年は南信図書館大会にがあった嬉しい一年でした。今年もどんどん借りてください。あまり、生徒用、先生用と本を分けてありません。図書館に来て書棚をのぞいていただけばわかりますので、どうぞのぞいてください。

先生向けに作成した図書館だより。

そうしているうちに次第に先生方との間に信頼関係が生まれ、「困った時には図書館へ行こう」「調べたかったら図書館へ行こう」という先生が増えてきました。すると、「こんな内容の本を紹介してください」「読み聞かせをしてください」という依頼も出てきたのです。

生徒の読書傾向を知る

一方で、生徒側の問題として読み物に偏りがあることも気になるところでした。「はじめに」で書いたように、アンケートをしたおかげで（読書はあくまで個人のものであるという考えがありましたし、結果を生かし改善していく自信が持てなかったのですが…）自分の学校の読書の実態がよくわかり、大変勉強になりました。

アンケートの結果で一番驚いたのが、私の知らない本がたくさんあったことでした。そのほんどはケータイ小説、ライトノベルに分類されるものでした。ここ最近、本そのものがメールやインターネットなどに押され気味であるうえに、近頃の中学生は少数派ではありますが、図書館で本を借りずに自分で買う傾向があり、その多くがケータイ小説・ライトノベルなのです（ライトノベルの是非については、各学校の扱いや司書の考え方が様々ですのでここでは触れません）。

最近読んで「おもしろかった」と思う本

1学年			2学年			3学年		
●	モンスターハンター	8		ハリーポッター	9		告白	12
●	家庭教師ヒットマン REBORN！（小説）	6	●	ONE PIECE（小説）	5		ハリーポッター	9
	ハリーポッター	6		告白	5	●	バカとテストと召喚獣	6
●	MAJOR（小説）	4	●	君に届け（小説）	4	●	生徒会の一存	4
●	ぼくらの（小説）	4	●	モンスターハンター	4	●	デュラララ!!	4
	黒魔女さんが通る!!	4		ダレン・シャン	4		僕たちと駐在さんの700日戦争	4
	ダレン・シャン	4	●	生徒会の一存	3	●	鋼の錬金術師（小説）	3
●	鋼の錬金術師（小説）	3	◇	こんぺいとう	3		化物語	3
	告白	3		バッテリー	3	◇	Teddy Bear	3
	都会のトム＆ソーヤ	3	●	キノの旅	3		チェラブ	3
	泣いちゃいそうだよ	3					夜回り先生の卒業証書	3
◇	S彼氏上々	3					ホームレス中学生	3
	ギネスブック	3						

●はライトノベル　◇はケータイ小説

「おもしろかった」と思う本の所在

	1学年	2学年	3学年
学校図書館	49%	26%	22%
公共図書館	5%	5%	1%
学級分館	2%	2%	1%
自宅	35%	52%	55%
友人宅	5%	12%	12%
その他	1%	1%	1%
無回答	3%	2%	8%

＜2010年長野県学校図書館司書委員会実施アンケート
S中学校の結果より＞

私も恋愛を扱ったあるケータイ小説を生徒から借りて読んでみましたが、とにかく人生をあまりにも簡単に薄く表現していることに驚きました。さらにアンケートでは、生徒曰く「グロイ」内容の作品も挙がってきました。これにも衝撃を受けました。何にかというと、命の扱いが軽すぎるのです。そして内容の展開が早すぎる。さらに、後味が悪い。司書としては、やはり命をもう少し大切に扱った本を、そして読んだ後に未来に希望が持てるようなものを、というのが正直な気持ちです。

例えば**「クロニクル千古の闇」シリーズ**（ミシェル・ペイヴァー作、評論社）ですが、これは読み応えのある本です。アンケートでこそ数人からしか書名が挙がりませんでしたが、本校では実は予約はナンバーワン。最終巻が出た時は、公立の図書館からもお借りしないと回らないくらいでした。もちろん、ケータイ小説を否定しているわけではありません。ただ、不思議が好きであれば**『トムは真夜中の庭で』**（フィリパ・ピアス作、岩波書店）**『グリーン・ノウの子どもたち』**（ルーシー・M・ボストン作、評論社）、冒険に興味があるのならば**『ホビットの冒険』**（J．R．R．トールキン作、岩波書店）**『二年間の休暇』**（ジュール・ヴェルヌ作、福音館書店ほか）、日本のものをという人には**『西の魔女が死んだ』**（梨木香歩著、新潮社）**『鬼の橋』**（伊藤遊作、福音館書店）といった、いわゆる古典や一定の評価がある作品にも触れてもらいたいのです。また、YA小説や文芸書の中には中学生たちの等身大の姿を描いたものも多く、それらを読むことによって主人公たちと一緒に様々な体験を積むことができるでしょう。それは、これからの人生の指針となるかもしれません。

さらに、図書館にはテレビドラマや映画の原作、『1Q84』（村上春樹 著、新潮社）のように店頭からすぐに品切れになってしまうような話題性に富んだ本もどっさり入っています。そんなことも一緒に知ってもらいたいのです。

読書の楽しみを紹介する方法

私は新しく購入したすべての本を、生徒向けの「としょかん通信」で紹介しています。しかし、実際に「通信に載っていた本貸して！」と言ってくる生徒は、図書館に毎日やってくる一部の本好きに限られます。図書館は、誰もがいつでも自由に出入りできる空間、本も平等に借りられるはずです。そして、司書の私も、どこかのクラスに属する存在ではなく学校中の生徒全員が同じ条件で頼れる職員です。

そんな私がすべての生徒に向けて、本の内容紹介や読書する楽しさ、喜び、さらに本から得られる知識の豊富さを発信できるのは、クラス単位で行う読み聞かせやブックトークです。読み聞かせはその一冊だけを丸ごと手渡すのに対し、ブックトークは一度に多くの本を手渡すのに有効な手段になります。そのメリットをいくつか挙げてみましょう。

・9類以外の広いジャンルの本を紹介できる
・なかなか手に取られない本にも光を当てることができる
・図書館には、堅いと思われがちな本以外にも、人気作家の作品や話題のテーマを扱った本もあることを伝えられる
・表紙を見ただけで読むのを拒んでいた生徒が、内容を知って興味を持つ
・クラス全員が同じ本を知ると、共通の話題で話が盛り上がる
・生徒だけでなく、先生方にも図書館の本を紹介できる

ブックトークの威力

私が生徒から「その本、読みたい」と言って借りると、生徒はとても喜びます。自分のおもしろいと思った本をほかの人が読むということは、すごくうれしいことなんだな、と感じます。ですから、私は本を返す時に「ありがとう」と言い、決して自分の感想は伝えません。かわりに、「私が読んでよかったと思う本も読んでみる?」という感じで図書館の本をすすめています。生徒たちは、気に入ってくれると次に図書館に来た時も、「また本、紹介して」と言ってきます。また、新しく本を入れた時など「あの生徒が喜びそう」と、一冊の本から生徒の顔が浮かんでくることも多くあります。

こんな地道なすすめ方も好きですが、ブックトークはもっと威力があります。何と言っても一度に大勢の生徒に紹介できるのですから。さらに、その中には私が図書館で接する機会が少ない生徒もいるのですから！

２　ブックトークをするには

ブックトークって？

ブックトークは〝よくできた本のコマーシャル〟と言われています。聞いている生徒が、紹介した中から一冊でも「この本を読んでみたい」と思ってくれたら成功です。ブックトークは司書が自分の考えを伝えるものではありません。あくまでも、本を魅力的に紹介する手段の一つであることを頭に入れておきましょう。

教科とブックトークの連携

実践方法には、「司書が企画して行うブックトーク」と「教科と連携して行うブックトーク」の二種類があります。前者は、学級ごとに自習時間や朝読書の時間をもらい、「この本を読んでもらいたいなあ、こんな本があることを生徒に伝えたいなあ」といつも思っている本をリストアップし、本の内容を考慮して一つのテーマにまとめます。テーマ名も自由につけられるので、「おや？」「聞いてみたい！」と思えるものを考えます。

では、後者の「教科と連携して行うブックトーク」とはどういうものなのでしょうか。それを説明する前に、まずは本校における図書館教育のあり方を解説します。本校では、次のように教科・領域と図書館とが協働すれば本の楽しさや有用性を生徒に実感させ、心豊かな生徒を育てることができると考えています。

（1）教材として活用する本を、教師と司書が相談し、探し出す

（2）授業において、導入教材・中心資料・参照資料・まとめの教材として本を活用する

（3）教師と司書が共に授業の構想を練り、共に授業

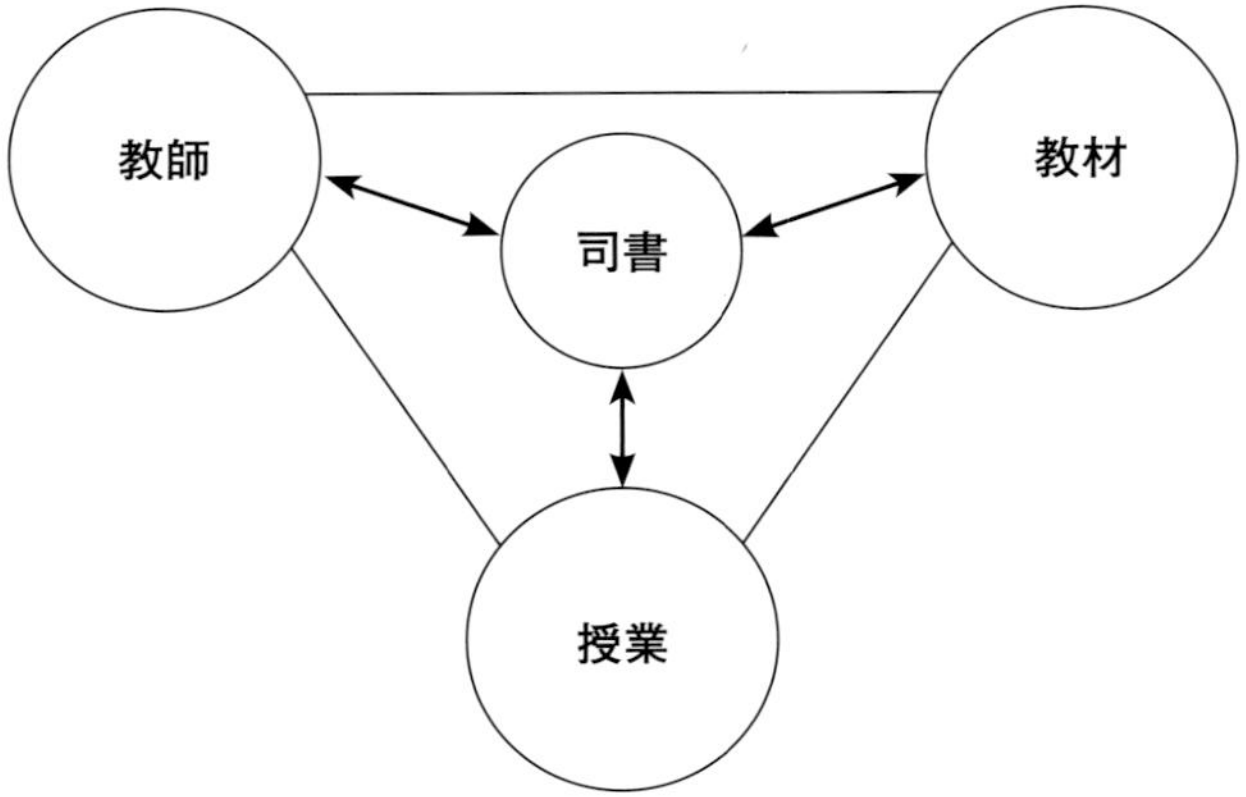

を行う

つまり、ブックトークは「教科」と「図書館」をつなぐ一つの方法となりうるのです。「教科と連携して行うブックトーク」は授業に合わせて行うので、まずはテーマが先に立ちます。対象は一学年、あるいは全学年の学級。教科との連携は、本の専門家である司書と教科の専門家である教諭が、同じ時間に同じ場所で、同じ生徒に向き合うということです。司書は生徒に優れた本を紹介しますが、その本の内容を深め、理解させるのは専門知識を持つ教諭です。さらに、教諭は紹介された本をきっかけに図書館を使っての調べ学習へと発展させることもできます。

ブックトークの進め方は①テーマを決める、②選書する、③プログラムを組み立てる、という順序で行いますが、①と②が逆になる場合もあります。この本では、主に「教科と連携して行うブックトーク」について具体的なプログラムを交えて紹介していきます。

①決められたテーマで

先にも触れましたが、教科からくるものはまずテーマが先行します。教科は国語、社会などの主要教科から美術や家庭科、さらには理科、数学までと多岐にわたります。依頼を受けたら、教科担当の伝えたい内容やテーマをよく聞き理解して、それに合わせて選書し、プログラムを組み立てていきます。

例えば国語は、教科書で「ちょっと立ち止まって」（光村図書・国語1）を学習した後、「見方により図柄が変わる不思議な本を紹介してほしい」との依頼がありました（二六ページ参照）。社会の「公民権運動のまとめ」は五年連続で行っています（六八ページ参照）。美術の「縄文の美の発見―岡本太郎の世界」も三年連続で実施。社会や美術のように同じ内容で毎年行うと、一年ごとにいいものができて完成度が高まります。

また、中学生特有の人間関係についての依頼も多くあります。この場合、陰に込められている教諭の願いを感じ取りテーマに掲げるのですが、私の作るシナリオの言葉が教諭の願いの邪魔にならず、かつ生徒には楽しんでもらえるように考えなくてはいけません。

②選書する

本は七冊から十冊くらいで構成し、９類だけに頼るのではなく、いろいろなジャンルの本を入れるように心がけます。科学や地図・歴史の本はどのブックトークにもさりげなく入れられますし、普段手に取られない本も、つなぎの言葉を上手に入れて楽しく内容を伝えることができれば生徒は受け入れてくれます。紹介したい本を自分自身がしっかり消化しておくことが大切です。

中には本の嫌いな生徒、その教科が苦手な生徒もいるはずです。そんな生徒が少しでも興味を持てるものも選びましょう。核になる本を二〜三冊中心に据えますが、間にみんなで楽しめるような（クイズ形式で紹介できるような）本を入れることもいいでしょう。絵本は丸ごと一冊読めますし、中学生でも十分満足できるのでおすすめです。

選書に役立つリスト

選書する時、私は「今（＝ＮＯＷ）」を大切に考えています。館内の決まった本ばかりでは生徒の興味は薄くなってしまいます。そんな時は、新しい情報がある月刊誌を参考にします（日本子どもの本研究会の『子どもの本棚』、長野県図書館協会の小中学校部会による『推薦図書目録』など）。また、書店でもらえる新刊案内や書評が載った通信、新聞も役に立ちます。年に一度出る『ヤングアダルト図書総目録』（トーハン）は重要な情報源です。

しかし、何といっても一番の心強い味方は、近くの児童書専門店。私の実践を知っているので、「これ、○○のブックトークに使えるんじゃないですか？」と、声をかけてくれることもあります。近くに専門店がない場合でも、お願いすれば、新刊案内や書評の載った通信は送ってもらえるでしょう。オンライン書店でも最新情報が得られますが、こちらは購入時の参考にします。また、近隣の学校の司書同士で情報交換して学び合うこともお互いの助けになります。

③プログラムを組み立てる

選書が終わると、それらをどう組み立てるのかを考えます。所要時間は、教科担当などと二人で行う時は五十分、一人の時は二十五～三十五分を目安にします。一人で五十分では長すぎて生徒も飽きてしまいますし、教科のまとめの時間を残しておくことも大切です。

プログラムは、核になる本を中心に、全体の流れを頭の中でイメージします。この本のここを読む、この本は軽く紹介するだけ、クイズ形式にして紹介する、一冊丸ごと読むなど、単調にならないよう組み立て、前の本から次の本へとリレーのバトンが渡るようにスムーズに紹介しましょう。この時、読むところには必ず付箋《せん》をはっておきます。付箋には「①、②、③…」という具合に番号も記しておくと、すぐにページが開けます。

理科や数学は本を紹介するだけでなく、本と本の間に実験をはさむこともできます。ただし、この時はあまり手のかかるものはしません。気軽に手品をするような感じで行うといいでしょう。生徒がびっくりしたところへ本を出して種明かしをするという形にします。生徒たちがグループごとに行える実験も、用具が簡単にそろえられ、あまり時間をとらないものにすると、教科担当にとっても自分にとっても負担にならずに済みます。

数学も、司書が本を紹介した後に教科担当に詳しく説明してもらうと、ぐっと本の内容が分かりやすくなり、ブックトークの完成度も高くなります。せっかく中学校という現場にいるのですから、専門の教諭に協力してもらいましょう。

シナリオを書く

プログラムが決まったら、シナリオを書きます。これは、実際に生徒に向かって話すように書きます。導入はブックトークへの入り口です。全員が短時間に前を向けるよう、パネルシアター、ペープサートを使って視覚に訴えるのもいいでしょう。生徒がリラックスして聞けるものを用意します。さらに、どこかで、みんなが声を出せる場面のある紹介方法を考えましょう。できあがったシナリオは何度も声に出し、読んでは直し、読んでは直しを繰り返します。

教科担当から依頼されるものは、事前に教科担当と打ち合わせをする時間はほとんどありません。ですので、依頼を受けた時に、しっかりと教科担当あるいは教科のねらい・目指すものを聞いておきましょう。一つでも二つでもキーワードをもらっておくと、ぐっとやりやすくなります。

急な依頼も慌てずに

依頼は、「いきなり！」ということも覚悟しておかなければなりません。「一週間後に」はいい方で、最短は「今日の六時間目に」でした。こんな時にも決して「できません」とは言いません。いくら急でも、ここで断ってしまうと、もう頼まれない可能性もあるからです。自分のポケットからできるだけのものを引き出し、教科担当の願いに近いものを考えましょう。どの本をどう組み立て、その中のどこを読むかを短時間で練ります。自分の中に、「この本は！」というものをいつでもためておくと、いざという時に役立ちます。

3　いざ、実践！

実践場所は教科により様々です。社会、理科などを図書館内で行う際には、実験をする場合を除き、机を隅に寄せていすだけで聞いてもらいます。美術では調べ学習を目的としたブックトークは図書館で行いますが、そのほかは美術室で行い、すぐに授業に入れるようにします。英語や国語などの教科は教室がほとんどです。

紹介した本は、自分の立ち位置の前か横に長机を用意し、並べていきます。必ず生徒から本が見えるようにしましょう。常に心に置いていることは、「いつでも対象はそこにいる全員であることを忘れないようにする」。すぐに相槌を打ってくれる元気な生徒だけを見るのではなく、うつむき加減の物静かな生徒にも目を向けることを心がけましょう。

ブックリストは必要だといわれていますが、中学生は印刷物をそれほど大切に扱ってはくれません。ですので、私はブックリストは配っていません。

貸出をする

貸出にうまくつながる時と、残念ながらそうでない時があります。学級の時間を使って行うブックトークは一クラスが対象なので、終わるとすぐに貸出が可能です。

一方、教科からのものは対象が学年全体なので、一学年が終わるまで貸出ができないということになります。貸出が目的でないとしても、全学年が終わってからようやく展示した本が、貸し出されないのは悲しいものです。借りたい一瞬を過ぎてしまうと、生徒は興味をなくしてしまいます。

複本を用意

こんなことを少しでも和らげるために、公共図書館や、近くの学校図書館から複本を借りておくこともいいと思います。借りた本を展示しておくだけでも、紹介された本をその場で自分の目で確かめることが可能になります。些細なことですが、これをすると「もう全クラス終わった？　じゃあ、貸して」と言ってくれる生徒が出てきます。

ブックトークを難しく考えず、自分の好きな本を楽しみながら、という気持ちで始めるのもいいでしょう。私のプログラムを自分の言葉に変えて第一歩を踏み出すのもいいかもしれません。やり方は自由です。さあ、これを機にブックトークに挑戦してみませんか？

2

教科で使えるブックトーク

ここでは実際に紹介しているように書いています。

★：難易度（三段階）

：教科担当やＡＴＬなどと一緒に行う

★★

ちょっと角度を変えて

〈対象〉 一年生

〈ねらい〉 「ちょっと立ち止まって」（光村図書・国語1）の学習後のまとめとして行います。

〈時間〉 二五分

〈場所〉 図書館

〈用意するもの〉 a 『**まさか　さかさま**』の中から気に入ったページの絵を五枚ほどパネルシアターにします。

b 画用紙に「鳩・蚊・鴉《からす》・猫」という文字を並べて書きます。

※aのように作品を別の形で使用するには出版社の許諾が必要です。詳しくは一六七ページを参照してください。

導入

ａを使って、読んだら逆さまにするという動作を一枚ずつ繰り返します。

最初の絵が頭に残っているので、逆さにした方はなかなか分かりませんね。人は先入観に支配されがちなのかもしれません。でも、ちょっと角度を変えてみると、「違う何か」が見えてきますよ。

ではこの「違う何か」って、どういうことでしょう（②**『どこでもない場所』からお気に入りの絵を数ページ見せます**）。ゲレンデだと思っていたものが満開の桜の木々だったり、海の白波が雪渓の残る山並みだったり。これを見ると、今の自分がいる場所さえも不安定で不可思議なものに感じます。

こんな不思議な絵を描いてみたいと思う人にぴったりの本が③**『だまし絵の描き方入門』**です。**（三三ページを見せて）**これならすぐに描けそうです。**（五七ページを開き）**ここまでくると、自分の目がおかしいのかと感じてしまいます。これは三冊のシリーズ

①

さかさ絵本
『まさか さかさま』
伊藤文人 絵・文
サンマーク出版 刊
2008年

②

『どこでもない場所』
セーラ・L・トムソン 文
ロブ・ゴンサルヴェス 絵
金原瑞人 訳
ほるぷ出版 刊　2010年

③

エッシャーの描法で
不思議な絵が誰でも描ける
『だまし絵の描き方入門』
杉原厚吉 著
誠文堂新光社 刊
2008年

ですから、できそうなものから試してみるといいですよ。

これまでの二冊は「本当の世界はどれなのか、実態はどうなっているのか」が分からなくなる本でした。次に紹介する④**「耳なし芳一」**は、実際に二つの世界が混在する不思議で怖い話です。目の見えない芳一は、琵琶を奏でながら物語を語ることを仕事にしていました。ところがある晩を境に、芳一は平家の亡霊たちに取りつかれ、毎晩弾き語りをさせられます。そのことに気づいた和尚さまは、芳一があの世に連れていかれるのを防ぐため、芳一の体中に経を書き、亡霊たちから守ることにしたのです。しかし、書き忘れたところがありました。題名からも想像がつきますね。**『雪女　夏の日の夢』**の中には、このほかにも「雪女」をはじめ不思議な物語が載っています。

実はこの本、日本の不思議な昔話ばかりを集めた本なのに、作者はラフカディオ・ハーンという外国の人です。彼は来日の際、この国がたいそう気に入り、日本人女性と結婚して亡くなるまでここで暮らしました。「小泉八雲」といえば分かるでしょう。あの

④

「耳なし芳一」
『雪女　夏の日の夢』より
ラフカディオ・ハーン 作
脇 明子 訳
岩波書店 刊　2003年

小泉八雲の本名こそが、ラフカディオ・ハーンです。

④のようにこの世の者でない人々が登場するお話の一つに、イギリスの名作⑤『**グリーン・ノウの子どもたち**』があります。主人公の孤独な少年トーリーは、冬休みをひいおばあさんの住むグリーン・ノウという古いお屋敷で過ごすうちに、三〇〇年も前に屋敷で生きていた子どもたちと仲良くなります。そんなに昔の時代の子どもたちということは、幽霊なのでしょうか。仲良くってどういうことなのでしょう？　考え方を変えれば、「怖いは楽しいになる」ということかもしれませんね。この本を古いと感じるのか、あまり手に取る人がいませんが、読み始めると、みるみる引き込まれていきます。全六冊のシリーズです。

さてみなさんは、自分が当たり前だと思っていることが、ほかの人から見るとそうではないと気づいた経験はありませんか？　次に紹介する本は、そうしたギャップに悩む日本語学校の先生と外国人生徒の日々を描いた漫画です。本を見る前に、まずはなぞなぞに挑戦してもらいます。それでは、問題です。（bを見せて）

⑤

グリーン・ノウ物語１
『グリーン・ノウの子どもたち』
ルーシー・M・ボストン 作
ピーター・ボストン 絵
亀井俊介 訳
評論社 刊　2008年・改訂新版

この漢字に共通しているものは何だと思いますか？**（なかなか当たらない時はヒントを出します）**鳩は何て鳴きますか？「クー」ですね。蚊は「ブンブン」、鴉《からす》は「ガー」。猫は「ナーエ」じゃなく、中国語の「ミョウ」です。気づきましたか？ 漢字の片側が鳴き声の字になっているのです。**（あちこちから「なんだ、鳴き声か」と声が挙がるのを受けて）**そうです、でもおもしろいのはこれからです。**（⑥『日本人の知らない日本語』を出して、九七ページの絵を指さし）**この人は中国の広東省出身の王さんです。王さんは、「共通点っていうから僕は食べたらおいしいかなぁ」と思ったそうなのです。驚いた日本語の先生が、みんな食べるのかと問い返すと、「日本人だって猫食べるじゃないですか。スーパーで猫の缶詰売ってますよね？」と言うのです。世界の文化の違いがよく分かりますね。何よりこの本の一番の魅力は、外国人留学生たちの日本語に対する愛情の深さ。その姿には私たち日本人も背筋が伸びる思いです。そして、日本語が外国の人にとっていかに難解なのかも分かります。この本には続刊もあります。

⑥

『日本人の知らない日本語』
蛇蔵＆海野凪子 著
メディアファクトリー 刊
2009年

言葉は人が真実を知る手段の一つでもありますが、この「ことば」（区切るようにゆっくり発音します）を自分の都合のいいように使ってしまうこともあります。一〇人に同じ質問をして全員が同じ答えを返すかといえば、そうでもないですよね。⑦「藪の中」では、ある一人の男が殺されたことについて、事件の当事者たちが順々に質問に答えていきます。殺された本人も巫女の口を借りて答えるのですが、なぜかみんな言うことが違っているのです。それぞれの立場でもっともらしく話をしているので、一体誰の話が本当なのか分かりません。真実は、まったくの藪の中です。難しい話ですが、外国の人たちも難しい日本語を習得しようと励む姿を見たばかりですから、みなさんも挑戦してみましょう。

でも、必ず真実はあります。知らない人々を想像だけで決めつけてしまうことは、私たちの毎日にも少なからずありませんか。もしかしたら想像とはまったく違うのかもしれないのにね。最後は、大人たちに止められていた川を渡り、自分で真実を確かめた女の子の物語です（⑧『むこう岸には』を全文読み聞かせします）。

⑦
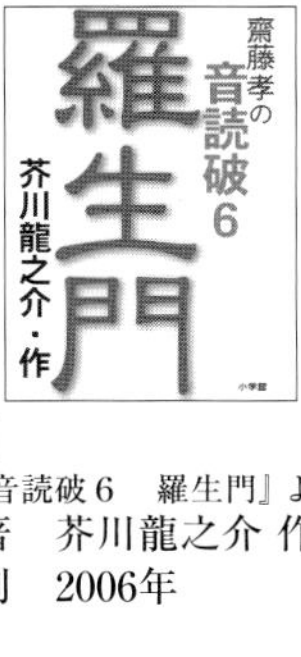

「藪の中」
『齋藤孝の音読破6　羅生門』より
齋藤孝 著　芥川龍之介 作
小学館 刊　2006年

⑧

『むこう岸には』
マルタ・カラスコ 作
宇野和美 訳
ほるぷ出版 刊　2009年

ゆれるとき

〈対象〉二年生

〈ねらい〉国語の最初の授業で行います。教科書（光村図書・国語2）に出ている谷川俊太郎の詩を紹介し、詩はふと心に浮かんだことや、ほとばしる感情などを少ない言葉で表現するものだと理解し、身近に感じてもらえるようにと考えました。本は、成長過程にある二年生の心に寄り添えるものを中心に選びました。

〈時間〉二〇分

〈場所〉図書館

導入

①『**いちねんせい**』の「**わるくち**」を読みます。

今日は、二年生になって初めての国語の授業ですね。みなさんはもう教科書を広げてみましたか？　最初に谷川俊太郎さんの詩がありますね。今読んだおもしろい悪口も谷川さんの詩の一つです。（**①を見せて**）この中に載っていますよ。この詩集を、クラス替えでまだ緊張が解けない級友同士で開いてみてください。そして、そこにある詩を一緒に読んでみましょう。思わず顔を見合わせて、にっこりしてしまうものばかりだと思います。みなさんも少しでも早く、今読んだ詩のように「へーん」「ふーん」なんて軽口を言い合える間柄になれるといいですね。

と言ってもすぐには難しいでしょうから、まずはクラスのみんなで笑い合うことから始めましょう。②『**かさぶたって どんなぶた**』という題名の詩集です（**この題名だけでも笑いが漏れます**）。この中から二つ読みます（「かさぶたって どんなぶた」「お経」を読み

②
絵本 かがやけ・詩　あそぶ ことば
『かさぶたって どんなぶた』
小池昌代 編
スズキコージ 画
あかね書房 刊　2007年

①
『いちねんせい』
谷川俊太郎 詩
和田 誠 絵
小学館 刊　1988年

ます。特に、「お経」は実際に唱えるように読むと生徒の笑顔がはじけます）。おもしろいでしょう。このシリーズにはほかにも作品があります。図書館に展示しておきますので、そちらも手に取ってみるといいですよ。

詩には作った人の思いが込められています。だから今紹介した詩には、悲しい気持ちを抱えている人、笑顔を忘れてしまった人、何かに悩み苦しむ人をどうにかして笑わせたいという思いが込められているようにも受け取れます。一方、詩の中には口に出せない不満や疑問、嘆きを形にしたものもあります。次の谷川俊太郎さんの③『**子どもたちの遺言**』は、みなさんの心の叫びなのかもしれません。読んでみましょう（七四ページ「**ゆれる**」を読みます）。「うんうん」とうなずいてくれた人もいますね。みなさんもこんな思いを抱えているのかもしれませんね。

自分の気持ちに近いものを読むと、まるで心の内を代弁してくれたかのように思えて気持ちが軽くなったように感じます。でも、詩にはもっと別の力もあります④『**中高生とよみたい日本語を**

③

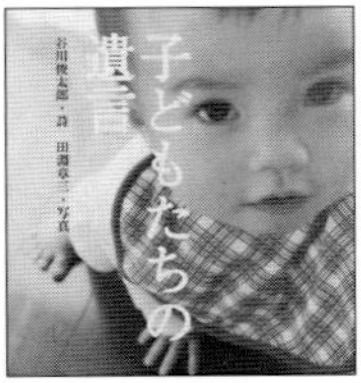

『子どもたちの遺言』
谷川俊太郎 詩
田淵章三 写真
佼成出版社 刊　2009年

楽しむ100の詩』の「動詞『ぶつかる』」を読みます）。「世界を避けることしか知らなかった」という表現に、はっとした人も多いのではないでしょうか。自分の知らない世界を短い言葉で表してくれる詩には、大きな影響力があります。

こうした言葉の持つ影響力は、時に硬くなった心をほぐし、強くすることもできます。⑤『ナゲキバト』はそんなことを感じる一冊です。これは、両親を事故で亡くした男の子の心の成長を描いた物語です。ある日、主人公のハニバルは、好奇心からナゲキバトを銃で撃ってしまい、残された雛まで自分の手で殺さざるを得なくなります。それからも九歳の彼にとって耐え難い試練が続くのですが、一緒に暮らす祖父ポップが時々に発する言葉が、とても心に響きます。どうしてこんなに優しく素敵な言葉をかけられるのだろうと思いながら読んでいくと、最後にポップの思いもかけない過去が明らかになります。自分自身に絶望するハニバルに、ポップは「人は何のために生きるのか」を教えてくれます。

ハニバルほどではありませんが、絶望に近い気持ちで北海道旅

④

『中高生とよみたい
日本語を楽しむ100の詩』
水内喜久雄 編著
たんぽぽ出版 刊　2010年

⑤

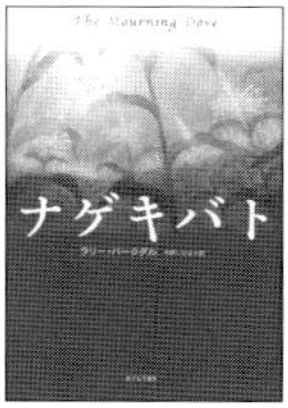

『ナゲキバト』
ラリー・バークダル 著
片岡しのぶ 訳
あすなろ書房 刊　2006年

行に向かった少女がいます。この旅行を最後に両親は離婚し、主人公の双葉は高校の寮へ入ることが決まっています。この後、三人はばらばらの生活を送らなければならないのです。双葉の手には不自然なやけどの跡があり、そのことがずっと気になっていました。旅先で、これが最後のチャンスと、双葉は今まで聞けなかったやけどについてお母さんに問いかけます。その場面の二人の台詞を読んでみます（⑥『**メジルシ**』の一五四～一六〇ページの会話部分だけ読みます）。この後、双葉は、そして家族はどうなるのでしょうか。続きが知りたい人は、ぜひ読んでみてください。（読むのを会話部分だけにすることで、ブックトーク後に争うようにして本を借りていきます）。

最後にみなさんが新しいクラスの仲間と手を取り合い、絆を深められるようにとの希望を込めて、⑦『**てとてとてとて**』を読んで終わりにします（全文読み聞かせをします）。

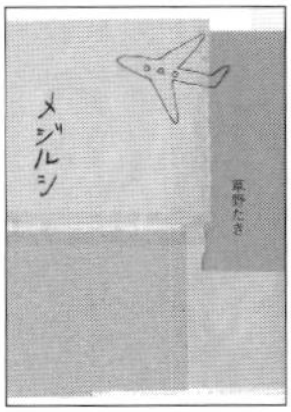

⑥

『メジルシ』
草野たき 著
講談社 刊　2008年

⑦

『てとてとてとて』
浜田桂子 さく
福音館書店 刊　2008年

ブックトークが終わると、生徒たちは紹介した以外の本にも興味を持って書架を探します。司書にとって、とてもうれしい光景です。

古典の世界へ入門

〈対象〉三年生
〈ねらい〉「古典は言葉が難しくて嫌」という生徒がいます。かいつまんで内容を紹介することで少しでも古典に興味を持ち、チャレンジしてみよう思ってもらえれば、との願いから行いました。
〈時間〉三〇分
〈場所〉図書館

導入

①『たかこ』を読み聞かせします。

この絵本の主人公たかこの衣装は、平安時代の貴族の装束のようです。**（②『本をもっと楽しむ本　④古典』の二〇ページの絵を見せて）**ここに出ているお姫様とそっくりだと思いませんか？　なぜ平安時代のお姫様がこの平成時代にいるのか分かりませんが、今日はたかこのようなお姫様たちが出てくる本や、古くから日本に伝わるお話を紹介します。

まずは古典への入り口として、②をじっくり見てみることにしましょう。**（六・七、二八・二九ページの漫画を見せて）**この二つの漫画は古典を基にしたオリジナル作品とありますが、どちらもいにしえの恋物語です。現代の恋愛とは一風違いますよ。先ほどのたかこの衣装の時にも見ましたが、この本では平安時代の貴族や町人の暮らしがイラストで紹介されているので**（ぱらぱらと本をめくって見せます）**、目を通しておくと勉強になりそうですね。

この中に、大塚ひかりさんというエッセイストの文が載ってい

①

『たかこ』
清水真裕 文
青山友美 絵
童心社 刊　2011年

②

読みたい本を見つける図鑑
『本をもっと楽しむ本 ④古典』
塩谷京子 監修
学研教育出版 刊　2010年

るので読んでみたいと思います（二ページは全文を、三ページは緑色の題字とその説明に必要な部分だけを読みます。自分なりに読むところをまとめておきましょう）。「片思いの人をあきらめるために、その人の〝うんち〟を見る」という話には、びっくりさせられますね。それを予想していた女性が、「作り物を用意してよい香りをたきしめたのではないか」ともあり、当時の人々の行動にますます驚きます。「千年以上昔から読みつがれている古典が、おもしろくないわけがありません」と大塚さんも言っているように、つまらないものであれば消えてしまうはずです。その中で、今でも多くの人の心をつかんでいる古典の数々には、どんな魅力が潜んでいるのでしょう。この本をナビゲーターに、古典の世界へもっと足を踏み入れてみましょう。

さて大塚さんのエッセイの中に、みなさんがよく知っている「かぐや姫」も古典だと書かれていました。実は、「竹取物語」こそが、あの「かぐや姫」の原作です。「竹取物語」自体はいろいろな出版社から本が出ていますが、③**『竹取物語（全）』**には原文と現代文

③
ビギナーズ・クラシックス　日本の古典
『竹取物語（全）』
角川書店 編
角川学芸出版 刊　2001年

が両方載っています。現代文は読みやすく、随所に解説があるので内容が理解しやすいでしょう。大塚さんが言うように、本当に「かぐや姫は悪女だった」のでしょうか。

そして、これが先ほどの驚きの「うんち事件の話」が載っている「宇治拾遺物語」です（④**『宇治拾遺物語・十訓抄』を見せます**）。「厚くて読むのは嫌だ」と思うかもしれませんが、そんな人でも大丈夫。（**八六ページを見せて**）お話は、ここからたったの四ページなのです。まずは原文を、その後、数ページ戻って訳を読みましょう。短いので図書館でもあっという間に読むことができますよ。それにしても、「こんなことを考える男の人も男の人だけれど、この女の人もねえ」と、私たちからは考えられないおかしさですね。

この「宇治拾遺物語」との共通の説話が多く納められているのが「今昔物語」です。この⑤**『今昔物語集』**には原文はなく現代文だけが載っているので、肩の力を抜いて親しむことができます。コラムの「訳者からのひとこと」が、古典をさらに身近なものに感じさせてくれますよ。

④

日本の古典をよむ⑮
『宇治拾遺物語・十訓抄』
小林保治・増古和子・
浅見和彦 校訂・訳
小学館 刊　2007年

⑤

21世紀版少年少女古典文学館⑨
『今昔物語集』
杉本苑子 著
講談社刊　2009年

さてみなさん、芥川龍之介って知っていますよね？　毎年世間をにぎわせるあの芥川賞・直木賞の「芥川賞」は、この人物から来ています。芥川龍之介は古典を題材にした短編をたくさん書いています。中でも「宇治拾遺物語」「今昔物語」を題材にした「王朝もの」と呼ばれる作品は、人間の心情をうまく捉えており、それは現代に生きる私たちの心にも突き刺さるものです。その代表的なものが**「羅生門」**や**「鼻」**（⑥**『羅生門 杜子春』**を見せます）。**「羅生門」**に登場するのは下人と老婆だけですが、荒れ果てた都の門を舞台に人間の業を描いた何とも不気味な物語です。

一方、みなさんは自分の鼻があごまで届いたら、どんな気がするでしょうか。**「鼻」**はそんな長い鼻の持った和尚さまの話です。**「羅生門」**よりもこちらの方が話の情景が浮かびやすいかもしれません。芥川龍之介の作品集は図書館にたくさんあります。それぞれを読み比べて、どれが「王朝もの」なのかを探すのもいいでしょうね。

古典というと、みなさんから必ず名前が挙がるのが「源氏物語」

⑥

「羅生門」「鼻」
『羅生門　杜子春』より
芥川龍之介 作
岩波書店 刊　2000年

です。図書館でも時々貸出があります。図書館には何冊もの「源氏物語」が入っていますが、今日はその中から、⑦『**源氏物語1桐壺～賢木**』を取り上げたいと思います。これはまさに今、こうして私たちを古典の世界へと導いてくれている大塚ひかりさんが全訳したシリーズです。非常に分かりやすい訳ですし、随所にエッセイが盛り込まれていたり、細かな注釈がつけられたりしていて興味を引きます。シリーズを読破するのは大変ですので、まずは有名なところだけでも読むといいかもしれません。

（目次を読み） プレイボーイとして名をはせる光源氏ですが、この目次を見るだけで「なるほど」と納得すると思いますよ。当時は、女性が物の怪にとりつかれてあっけなく亡くなってしまったり、女同士の火花の散らし合いがあったりと、壮絶な男女関係が繰り広げられていたようです。ところどころに光源氏を中心にした相関図が載っているのですが、それがどんどん膨らんでいく様子が興味深く、話のつながりも見えやすいので、図を見ながら読み進めるといいでしょう。貴族たちのきらびやかな世界にいるにもか

⑦

『源氏物語１桐壺～賢木』
大塚ひかり 全訳
筑摩書房 刊　2008年

かわらず、光源氏の心にはぽっかりと穴が開いているように感じられますが、その心が満たされる時は来るのでしょうか。

さて、源氏物語を読むと、和歌がたくさん出てきます。昔の人は自分の思いを和歌にしていたのですね。恋文代わりに恋心をつづった和歌を送り、受け取った方も「返歌」を詠む。和歌と聞いて、みなさんが一番親しみを覚えるのは「百人一首」ではないでしょうか。百人一首大会のためにとにかく暗記しようと必死になり、一首一首の意味まで考えていないということはありませんか？そこでおすすめしたいのが、⑧**『百人一首大事典』**。有名な一首を見てみましょう（**一六ページの歌を読みます**）。歌の味わいはもちろん、歴史、さらには桜に関することにまで解説が及んでいます。このように、百首全部について当時の暮らしや生活などが紹介されており、さすがは「大百科」です。終わりの方にはかるたの取り方もあるので参考にするといいですよ。

どうでしょう、「古典っておもしろい！」と感じてくれたでしょうか。最後に、「一通りの作品の概要を知りたい」という人に手に

⑧

『百人一首大事典』
吉海直人 監修
あかね書房 刊
2006年

取ってほしいのが、⑨**「100人の先生が選んだ　こども古典」シリーズ**です。この中には「一寸法師」や「浦島太郎」から「日本の神様たち」、さらには「孔子・老子」までと幅広く紹介されているので、知識が広がります。

古典は奥が深くどれだけ学んでも終わりがありません。この機会に、美しい日本語でつづられて、長い年月を経た今でも輝きを失わない物語の数々に、ぜひ触れてもらいたいと思います。

⑨

「100人の先生が選んだ
こども古典」シリーズ
横山験也 編
ほるぷ出版 刊　2011年

いたずらっ子集まれ！

〈対象〉一年生

〈ねらい〉それぞれの絵本の日本語版と英語版を読み比べます。きっかけは、英語は「難しい」ではなく「楽しい」と思ってもらいたいという教科担当からの依頼でした。ＡＬＴ・教科担当・司書の三人で行うと効果的です。

〈時間〉三〇分

〈場所〉教室

英語

導入

ＡＬＴに①『Muddlewitch Does Magic Tricks』を読んでもらいます。司書が隣に立って本を持ち、タイミングを合わせて絵本の仕かけを動かします。この時、黙ってするのではなく、「さあ、イスに魔法をかけるよ。どんなイスになると思う?」というように、生徒と一体になるように声をかけましょう。仕かけがおもしろい本なので、生徒もよく答えてくれます。

（読み終わったら）よかったね、二人とも元に戻ることができて。Muddlewitch はいたずら娘ですね。今日は、そんないたずらっ子たちの本の紹介です。

最初に登場してもらうのは、やんちゃだけど憎めない少年です（②『だめよ、デイビッド！』を出します）。どんなことをしでかすのでしょう（②の日本語版を司書が、英語版をＡＬＴまたは教科担当が読みます。日本語版と英語版を一ページずつ交互に読むという形で進めます）。このデイビッド、学校でもこんな様子なの

①『Muddlewitch Does Magic Tricks』
by Nick Sharratt
Egmont Books Ltd

②③④
『だめよ、デイビッド！』
『デイビッド がっこうへいく』
『デイビッドが やっちゃった！』
デイビッド・シャノン さく　小川仁央 やく
評論社 刊　2001 ～ 2004年

でしょうか？**（③『デイビッド がっこうへいく』を見せて）**ちょっと見てみましょう**（②にならい日本語版と英語版を交互に読みます）**。やっぱりそうでしたね。でもみなさんの中にも、身に覚えがある人がいるかもしれませんね。このシリーズにはもう一冊ありますが、今日は読みません。**（④『デイビッドが やっちゃった！』を英語版とともに見せて）**今度は一体どんなことをしたのか、知りたい人は借りてみてください。

先ほどの本はやんちゃな主人公が登場しましたが、これは本そのものがいたずらっ子です**（⑤『おなら』を出します）**。ナンセンスな絵ですよね。私は作者の長新太さんの絵が大好きです。残念なことに数年前に亡くなってしまったので、こういう心温まる絵がもう生まれないかと思うと寂しいです。**（「その絵、知ってるよ」という生徒がいるので、その声を受けて）**早速読んでみましょうね**（日本語版と英語版を交互に読みます）**。

ゾウのおならは日本語では「ぶおおーん」ですが、英語では「バルーン」。お風呂の中のあぶくも「ぶくぶく」「プリップリップ」

②③④<英語版>
『No, David!』
『David Goes To School』
『David Gets in Trouble』
Blue Sky Pr

⑤

『おなら』
長 新太 さく
福音館書店 刊
2002年

<英語版>
『THE GAS WE PASS』
Kane/Miller Book Pub

と表現が違っているのがおもしろいですね。日本版の最後に書かれた「さようおなら」も気が利いています。後ろの見返しには日本語で表現できる「おならの音」がたくさん載っていて、擬音語の豊かさが分かります。

では、ここでみなさんに質問です。おならから連想するものって何ですか？（**少し間を空けてから**⑥『**うんちしたのはだれよ！**』**を出して**）ずばり、「うんち」です。かわいそうに、主人公のもぐらくんの頭にうんちなんかした失礼なやつは、誰でしょうか。一緒に犯人を探しましょう。この本も私が日本版を、英語の先生が英語版を読みますが、やはり音に注目して聞いてください。日本語と英語の音の表現が違っていて興味がわきますよ（**これまでと同様に進めます**）。犬の名前が「にくやま にくえもん」だなんて、しゃれていますね。訳した人のセンスが際立ちます。

この犯人の「にくえもん」はわざと悪さをしたわけではなさそうでしたが、今度の⑦『**かいじゅうたちのいるところ**』は、正真正銘「悪がき」のお話です。主人公のマックスは、お母さんにし

＜英語版＞
『The Story of the Little Mole who knew it was None of his Business』
Pavilion Children's Books

⑥

『うんちしたのはだれよ！』
ヴェルナー・ホルツヴァルト 文
ヴォルフ・エールブルッフ 絵
関口裕昭 訳
偕成社 刊　1993年

かられて夕ご飯抜きで寝室に放り込まれます（**このシーンの絵を開いて見せます**）。でも、ここからマックスの大冒険が始まるのです。この絵本の注目すべきところは絵です。冒険が始まり、マックスの興奮が最高潮に達するにつれて絵がどんどん大きくなり、寂しくなってくると絵もだんだん小さくなっていきます（**絵だけぱらぱら見せます**）。図書館には英語版もあるので、友だちと読み比べてみてください（**英語版を見せます**）。

　マックスは大冒険の末、無事に自分の部屋に戻ってくることができました。ところが、こちらの本（**⑧『コッケモーモー！』と英語版を出します**）のおんどりは、自分の鳴き声を忘れてしまいます。果たしておんどりは、自分の鳴き声を取り戻すことができるのでしょうか？　この本には途中でいたずらぎつねが登場しますが、ある声に逃げ出す羽目になります。⑤や⑥では音に注目してもらいましたが、鳴き声はどうでしょう。国によって違うのでしょうか、それとも世界共通でしょうか？（**同様に進めます。英語版は少し大げさに読んでもらいましょう**）同じ動物の鳴き声でも、

⑦

『かいじゅうたちのいるところ』
モーリス・センダック さく
じんぐう てるお やく
冨山房 刊　1975年

<英語版>
『WHERE THE WILD THINGS ARE』
Harper Collins

⑧

『コッケモーモー！』
ジュリエット・ダラス＝コンテ 文
アリソン・バートレト 絵
たなかあきこ 訳
徳間書店 刊　2001年

<英語版>
『Cock-a-Moo-Moo』
MACMILLAN CHILDREN'S BOOKS

やはり日本語と英語とでは違う発音に聞こえるようですね。

今なぜ、鳴き声に注目していてくださいと言ったかというと、次の⑨『FARMER DUCK』を紹介したかったからなのです。ですが、残念ながらこの本の日本語版は辰野中の図書館にはありません。ですから英語が頼りです。さっきの動物の鳴き声が重要な役割を果たしますので、よく聞き取ってくださいね。少しだけ内容をお話しします。農場で暮らすアヒルは、ベッドでごろごろしているだけの農夫に、毎日あらゆる仕事をさせられています。くたくたに疲れ果てたかわいそうなアヒルに、農場の動物たちは同情します。そこである晩、みんなは一つの計画を立てます。そして夜が明けないうちにその計画を決行します。さあ、動物たちの計画とはどんなものだったのでしょう。農夫が逃げ出して帰ってこられないくらいだったようですよ。では、読んでいただきましょう（ALTまたは、教科担当に読んでもらいます）。

女の子も男の子も動物たちも、みんないたずらが大好きですね。

⑨

『FARMER DUCK』
Martin Waddell
Helen Oxenbury
CANDLEWICK PRESS

社会
★

夢をもって

〈対象〉 一年生

〈ねらい〉 教科担当が生徒に「将来どんな職業につきたいか、どのような生活を考えているのか」と聞いたところ、あまりにも夢がないことにがっかりしたそうです。そこで、夢を抱くことの大切さに気づいてもらいたいとの依頼を受けて行いました。

〈時間〉 三〇分

〈場所〉 教室

社会

（①「しごとば」を三冊一緒に見せて）この本ではそれぞれの仕事内容や場所、道具、一日の流れがとても詳しく紹介されています（本に載っている職業の人々が一目で分かるので、本を開いた状態で表表紙と裏表紙を見せます）。イラストの描き込みがとても細かく、道具の一つひとつにも丁寧に名前が記されていて、写真に比べて見やすいのではないかと思います。（すし職人のページを開き）おすし屋さんのカウンターの中は、こんなふうになっているのですね。包丁もたくさんあります。何本あるのか、一緒に数えてみましょう（生徒と一緒に数えます）。「あじきり包丁」「たこひき包丁」など、聞いたことのないものもありますね。隣のページでは、一日の様子が分かります。朝は五時に市場に仕入れに行き、マグロのしっぽの肉をすりつぶしておいしさを見極めるのですね。

　ほかにも、美容師や自動車整備士などの仕事が載っています。この本は『続 しごとば』『続々 しごとば』と出ていて、最近注目を集めている宇宙飛行士（『続 しごとば』の宇宙飛行士のページを開きます）や教師（『続々 しごとば』の職員室のページを開きます）

①

『しごとば』
鈴木のりたけ 作
ブロンズ新社 刊
2009 ～ 2011年

『続 しごとば』

『続々 しごとば』

も登場しますよ。みなさんがちょくちょく行く職員室も、こういう感じですよね？　このシリーズを見ていると、「ああ、こんな仕事がしたい」と、きっと夢が膨らむと思います。

　みなさんの中には「出版社で働きたい」と思っている人もいるかもしれませんね。②**『舟を編む』**は、玄武書房に勤める馬締《まじめ》光也が主人公のお話です。馬締は名前のとおり、まじめでちょっと変わり者です。そのためか営業マンとしての才能はゼロでしたが、『大渡海』という辞書の編集部に異動になってからは、がぜん輝きだします。辞書編集部は回りも個性派ぞろい。一つの辞書を編さんするということは、こんなに地味で大変な作業なのかと驚かされます。しかし、彼らは決してくじけず、お互いの個性を大切にし、認め合い、長い歳月を費やして、とうとう『大渡海』を出版するのです。一冊の本に対する編集者の愛が伝わる作品です。

　②はお互いを尊重し助け合って大きな仕事を成し得ましたが、次の本は、チームとしてお互いの立場を守り抜かなければならない世界があることを教えてくれます。（③**『サクリファイス』**を出し）

②

『舟を編む』
三浦しをん 著
光文社 刊
2011年

これは自転車ロードレースに青春をかけ、それを職業とする若者たちの物語です。勝つことを義務づけられたエース、そのエースを勝たせるために苦しい山道で自転車をこぐアシスト。チームでは、それぞれが自分の役割を忠実に守らなければなりません。そんなチームの一員として臨んだ初めての海外遠征で、主人公は事故に巻き込まれます。事故だと思われていたそれは、実は仕組まれたものだったのかもしれない、という具合に次第に話がミステリアスになっていくのです。サクリファイスは「生けにえ、犠牲」という意味です。事故後の部分を少し読みましょう（二〇二ページ「伊庭は少し面倒くさそうな顔をしながら、」～二〇四ページ「…そういう意味なんだよ」までを読みます）。最後には衝撃の展開が待っています。

スポーツの苦手な人も負けてなんかいません。④『理系の子』は、サイエンス大好きな少年少女の科学オリンピックの実話です。（一三ページ「目をみはる研究がいっぱい」～一五ページの二行目までを読み）この本の主人公は十代の若者たちです。科学に対す

③

『サクリファイス』
近藤史恵 著
新潮社 刊　2007年

④

『理系の子』
高校生科学オリンピックの青春
ジュディ・ダットン 著
横山啓明 訳
文藝春秋 刊　2012年

るすばらしい情熱をみなさんに感じ取ってもらいたいと思い、今日のリストに入れました。登場する少年少女たちの真剣な姿はとても魅力的で、研究も目を見張るものばかりです。以前、この学校にハンセン病の方が講演に来てくださったことがあったからか、私はハンセン病に感染しながらも研究を続けた少女の話に、頭を殴られた感じがしました。何事もあきらめずに明るい未来へ向かって生きていく学者の卵たちの姿を、みなさんものぞいてみてください。

「あきらめなかったから今の自分がいる」と書いているのは、⑤**『言葉はなぜ生まれたのか』**の著者・岡ノ谷一夫さんです（「おわりに」を読みます）。これも科学書ですが、見てのとおりイラストが目を引き、文とピタッと合っているので読んでいて飽きません。言葉がなぜ生まれたのかは、誰もが知りたい夢のような話です。さて、著者はどんな仮説を立てたのでしょう。

研究とは「事実がわからないことは、仮説を立て検証することを繰り返す」ことだそうです。その研究と昔からの知恵と技を結

⑤

『言葉はなぜ生まれたのか』
岡ノ谷一夫 著
石森愛彦 絵
文藝春秋 刊　2010年

集した日本の技術を紹介しているのが、⑥**「世界にはばたく日本力」シリーズ**です。ニュースなどで、最近の日本の科学技術や生産技術が低くなっていると聞いたことはありませんか？　でも、まだまだ大丈夫。「こんな力が日本にはあるんだ！」と感動させられます。みなさんも、こういう日本の力に刺激を受けて、「よし、やってやろうじゃないか。未来の日本は俺が、私が背負って立つ！」という気になってくれたらうれしいですね。

少し、その力を紹介しましょう（『日本の技術』目次の大文字の**四項目だけを読みます。続けて六～一一ページの金属加工技術の写真を見せながら、説明の必要な文章だけを読みます。その後、一四～二一ページのロボットの写真を見せてから、一四ページの見出しと文章を読みます**）。今日はすべての分野に触れることはできませんが、これだけでも日本の今の技術は昔ながらの伝統技術があったからこそだということが分かりますね。

このシリーズは全部で一二冊あります。日本の医療や鉄道技術は世界で認められていることは知っていますね。（『日本の国際協

⑥
「世界にはばたく日本力」シリーズ
こどもくらぶ 編さん
ほるぷ出版 刊　2009 ～ 2012年

力』を見せて、同様に目次の大文字だけを読み）国際協力でも活躍しているのですが、知らない人が多いかもしれません。こんな地道な努力をしている日本人を誇りに思いますね。

（続いて『日本のマンガ・アニメ』を見せて）これについては、私よりみなさんの方が何十倍も詳しいでしょう。（一〇・一一ページを広げて）この中には、美術で習う「鳥獣人物戯画」「版画の登場」が載っています。役に立つので覚えておくといいと思います。（もう一度シリーズをすべて見せて）世界にはばたく日本の力は、こんなにたくさんあるのですね。

科学の力や、開発する能力、技術力は私たちの暮らしに欠かすことができないものです。でも忘れてはいけない大切なことがまだあります。何だと思いますか。人が人を好きになること、自分自身を好きになること、そして人と人とのつながりを大切に感じることです。そうした心を育てたいと、保育園や高齢者施設を訪問し、園児や年配の方々と交流した高校生たちのドキュメントが⑦『**自分が好きになっていく**』です。（写真をぱらぱらめくって見

⑦（現在品切れ）

『自分が好きになっていく』
高塚人志 監修・写真
五木田 勉 文・インタビュー
アリス館 刊　2003年

せながら）どの生徒もいい顔をしているでしょう？（生徒がうなずいてくれるのを待ってから）最初は保育園児とうまくいかなくて大変だったようです。でも、交流するうちに仲良しになっていくのです。（一六、六一ページの写真を見せて）年配の方々は生徒たちとの交流を心から喜んでくれて、生徒たちは最後には別れがつらくてたくさん泣いたそうです。楽しい思いを共有したり辛い経験を乗り越えたりして、高校生たちはいつの間にかとがった目から優しい目になり、だんだん自分に自信が出て、自分が好きになっていきました（二四、六一ページを読みます）。

人は人と触れ合って優しさや思いやりを育てていくのですね。最後になります。イチロー本人も気づいていないかもしれないけれど、野球で人とのつながりを持つこともできるのですよ（⑧『**イチローへの手紙**』の「まわりの観客と一緒に、ぼくは飛びはねてよろこんだ。」のページと次のページを読みます）。

みなさんも喜んでくれる誰かがいて、自分に合った仕事に出合えるといいですね。

⑧

『イチローへの手紙』
ジーン・D・オキモト 作
ダク・キース 絵
吉池幹太 訳
河出書房新社 刊　2003年

戦争を考える

〈対象〉二年生

〈ねらい〉社会科の「第二次世界大戦」に合わせて行います。日本も参戦して罪のないたくさんの大切な命が犠牲になったことや、教科書では知ることのできない当時の人々の悲しみや苦しみにも触れることができます。

〈時間〉四〇分

〈場所〉教室

社会

誰でも、悲しいこと、残酷なことにはあまり触れたくないものです。でも、歴史は事実が積み重なって続いているものです。現実に起こっていることは楽しいことだけではありませんね。戦争という残酷で悲惨な出来事も、目を背けてはいけない大切な歴史の一つです。みなさんに過去の出来事に目を向けて、戦争が何を残したのかを正しく理解してもらいたいと思います。今日は私と一緒に考えながら聞いてください。

初めに詩と絵本を読みます。少し長いですが聞いてください（①**『小さな祈り』の中から「ヒロシマの空」を、続いて②『いわたくんちのおばあちゃん』を読みます。感情移入せずに淡々と読む方が生徒の心に響きます**）。いわたくんのおばあちゃんは、家族写真を撮ったら戦時中のように家族に会えなくなるのではないかと思い、決して写真を撮りませんでした。そんないわたくんのおばあちゃんの気持ちが、鋭く胸に突き刺さります。

今の二冊からでも、消えるはずのなかった命が一瞬にして奪われてしまった現実と残った家族の苦しみが十分に迫ってきます。

①

詩画集『小さな祈り』
男鹿和雄 画
吉永小百合 編
汐文社 刊　1998年

②

『いわたくんちのおばあちゃん』
天野夏美 作
はまのゆか 絵
主婦の友社 刊　2006 年

広島と長崎に落とされた原爆では、たくさんの人の命が奪われました。日本は世界で最初に、そして唯一、原子爆弾の被害にあった国です。日本はかわいそうな被害者でしょうか？（少し間を空けて）違いますね。戦争に加害者も被害者もありません。日本軍も多くの命を奪っています。

みなさんは、こんな事実を知っているでしょうか。捕虜になった敵方の兵士を「丸太」と呼び、生きた人間を解剖して、人間はどこをどれだけ失うと死ぬのかという恐ろしい人体実験を行った秘密の部隊が日本にあったことを。③**『屋根裏部屋の秘密』**はその秘密部隊「七三一部隊」が関わる物語です。夏休みの前日、主人公のゆう子のところへ、いとこのエリコから手紙が届きました。おじいさんを亡くしたばかりのエリコは、おじいさんから謎の遺言を受け取っており、それはどうやら山荘の開かずの屋根裏部屋と関係があるらしいのです。山荘へ向かった二人は、そこで幻の少女シャオ・リュウと出会います。ゆう子の兄・直樹の力を借りて、解き明かされる秘密。どうやらおじいさんは七三一部隊にいたよ

③

『屋根裏部屋の秘密』
松谷みよ子 著
司 修 絵
偕成社 刊　1988年

うなのですが、エリコが受け取った遺言とは、幻の少女の正体とは一体何だったのでしょう。

次もやはり捕虜の生体解剖を扱った本です。こちらは医大の研究生が主人公で、解剖に加わった側の心理が書かれています。設定は戦時中ですが、ここには戦争の様子も空襲も出てきません。庶民の悲しい出来事も、生活の苦しさを感じさせる記述もありません。筆者は大学病院を舞台に、主人公たちが捕虜を生体解剖するまでの心理状態や、周りの人々の様子を書くことにより、私たちに狂った時代の精神状態を伝えています④**『海と毒薬』**一四八～一五〇ページの**「…捕虜の鼻孔にさしこんだ。」**までを読みます)。

私は今、「狂った時代」という表現を使いましたが、同じように狂った時代に翻弄させられた天才バイオリニストの回想記が、⑤**『モーツァルトはおことわり』**です。みなさんはアウシュビッツ収容所を知っていますよね。ナチスの捕虜強制収容所です。何万人ものユダヤの人がこのガス室へ送られました。この本には、無愛想で、拍手をしてくれる聴衆に目も向けずにさっさと舞台から引

④

『海と毒薬』
遠藤周作 著
角川書店 刊
2004年

⑤

『モーツァルトはおことわり』
マイケル・モーパーゴ 作
マイケル・フォアマン 絵
さくま ゆみこ 訳
岩崎書店 刊　2010年

き下がってしまい、モーツァルトだけは決して演奏しないという変わり者のバイオリニストが登場します。そんな気難しい彼に、主人公の若い新米記者はあまりの緊張から、「絶対に触れてはいけない」と上司にきつく言われていた「なぜモーツァルトを演奏しないのか」という質問を思わず投げかけてしまいます。すると、ずっと心を閉ざしていた彼は、自分の両親と恩師の苦しく悲しい過去を話してくれたのです。その過去とは、ナチスのユダヤ人迫害があった時代、自分たちの命を守るために、仲間のユダヤ人たちを「ガス室」に送るための演奏をしていたことでした。その時に両親たちが演奏していたのが、モーツァルトだったのです。

同じ時代、ユダヤ人とドイツ人一家の平凡で楽しい日々が坂を転がるように辛く悲しいものに変わっていく様を描いたのが、⑥**『あのころはフリードリヒがいた』**です。訳者のあとがきには「息もつかずに読みましたが、途中で、読み続けるのが辛くてたまらなかった」と書かれています。（一〇四ページを開き）ここではユダヤ人迫害の歴史的真相が、主人公の少年たちが通う学校の先

⑥

『あのころはフリードリヒがいた』
ハンス・ペーター・リヒター 作
上田真而子 訳
岩波書店 刊　2000年・新版

生の口から語られています。こんな時代にも、人の尊厳を守る先生がいたことに少しほっとします。（二二三ページを開き）反対に、ユダヤ人に差別意識を強く持つアパートの管理人は、激化する爆撃から身を守るために逃げ込んだ防空壕に助けを求めてやって来た少年の一人ユダヤ人のフリードリヒに対し、信じられない言葉を投げつけるのです。これでも人間といえるのか、本当にこんな人間がいるのかと、読み手も恐ろしい絶望感に襲われます。かわいそうなことにフリードリヒは死んでしまうのですが、どうしてそうなったのかは本を開いてみてください。

今まで紹介した本は過去にあった出来事を語ったものですが、次の⑦**『弟を地に埋めて』**は、これから先こんなことがあってはならないという警鐘を鳴らす本です。核戦争が起きた世界でわずかに生き残った人々の中に、少年ダニーがいました。彼は幼い弟を守りながら、「やるか、やられるか」に変わってしまった世界で必死に生き抜こうとします。しかし、やがてその弟も死んでしまい、彼自身も生きる希望が何もない状態で話は終わります。二度とこ

⑦（現在品切れ）

『弟を地に埋めて』
ロバート・スウィンデルズ 作
斉藤健一訳
福武書店 刊　1988年

んなおろかな過ちが起きないように祈り、せめてものメッセージとして、ダニーはこの手記を残したのです。これは極限下に生きる人間の姿を描いた作品です（二七四～二七六ページの「おわりに」を読みます）。

戦争で傷つくのは人間だけですか？（答えを待って）そうですね。生きているものすべてにいえることです。中でも馬はもっとも直接的被害を受けやすい動物だといえるでしょう。この本（⑧『**戦火の馬**』を見せて）は、馬の目から見た戦争を描いた、馬と少年との奇跡の物語です。名馬であるがために大好きな飼い主の少年から引き離されて戦争にかり出された馬は、そこで心から尊敬できる別の馬に出合います。二頭は友情をはぐくみ、お互いに助け合って何とか戦いの中を生き抜きます。しかし、その親友の馬も命を落とすことになるのです。そうです、戦争は人ばかりでなく、生き物すべての運命を変え、命を奪ってしまいます。「戦争の本は苦手だから」と言って敬遠する人が多いですが、今までの本に比べると、一筋の光が見えるような終わり方です。このお話は

⑧

『戦火の馬』
マイケル・モーパーゴ 著
佐藤見果夢 訳
評論社 刊　2012 年

社会

二〇一一年に映画化され、話題にもなりましたね。

誰もが戦争は悪だと知っているのに、なぜ起こるのでしょう。その疑問に答えてくれる本を読んで終わります（⑨**『六にんの男たち』**を読み聞かせします）。

⑨

『六にんの男たち
なぜ戦争をするのか？』
ディビッド・マッキー 作
中村浩三 訳
偕成社 刊　1975年

社会

★★★

アメリカ・公民権への道

〈対象〉 三年生

〈ねらい〉 公民権の学習をした三年生に図書館の関連図書を紹介したいと考えて、教科担当にお願いしました。

〈時間〉 二五分

〈場所〉 図書館

〈用意するもの〉 a ①『**地球カレンダー**』から主だったものを横長の一枚のカレンダーに仕上げます。一二月三一日は取り上げる記事が多いので、別に作ります。

b 画用紙にテーマを書きます。私は、色画用紙をジャバラ折りにして人型に切り、たくさんの人が手をつないでいるようにしました。

c 色見本カード（美術科の教諭に相談しましょう）

※ａとｂは七四ページの写真を参照してください。

導入

地球ができてから現在までを一年の三六五日と置き換えたら、人類が生まれたのはいつごろだと思う？（答えを待ちます。答えがないときは数人に聞いてみます）実はなんと、一二月三一日の午後一一時三七分です。人類が誕生してからまだ二三分しかたっていません。よく「激動の二〇世紀」といわれますが、地球からみると二〇世紀なんてたったの一秒です（パネルシアターの舞台にaをはって、三六五日に置き換えた地球の動きを紹介します。一二月三一日は後からはります。この時、人類が生まれたのはアフリカであることも伝えましょう）。

これは、①『地球カレンダー』を見て作りました（「12月31日午後12時00分00秒」～「ひとつの種にすぎません。」までをゆっくり読みます）。人間は地球からしたらほんの数一〇分前に生まれたばかりなのに、ずいぶん自分勝手なことをしているなあと思うことがたくさんあります。今日はその中の、人が人を差別するという卑劣な黒人差別問題や、

①（現在品切れ）

『サヨナラ愛しのプラネット
地球カレンダー』
清水伴雄 著
ごま書房 刊　2008年

奴隷に関する本を紹介したいと思います。そして、それはおかしい、間違っている、と立ち向かっていった人たちの本も紹介します。「アメリカ・公民権への道」というテーマです**（bをはります）**。

アフリカで普通に生活していた黒人たちは、ある日、突然とらえられて、**（②『あなたがもし奴隷だったら…』の六ページを見せながら）**船に乗せられました。鎖につながれて身動き一つできず、自分やほかの人の糞尿にまみれて、三か月もかけてアメリカまで連れてこられました。そして、**（九ページを開いて）**家畜のように競売にかけられたのです。しかし、彼らは何年も何年もかけ、それこそ命がけで、自由を手に入れるのです**（三二ページを見せます）**。自由ってどういうことでしょうか？　考えたことがありますか？**（三六ページの太字だけを読みます）**

この自由を自らの手で勝ち取った少女もいます**（③『とどまることなく』の表紙を見せ、イザベラを指さします）**。イザベラは九

---

②

『あなたがもし奴隷だったら…』
ジュリアス・レスター 文
ロッド・ブラウン 絵
片岡しのぶ 訳
あすなろ書房 刊　1999年

歳の時に奴隷競売にかけられ、売られていきます（**最初のページの少女を見せます**）。その後、奴隷としてひたすら働き続けなければならず、自分の子どもまで売られてしまうという過酷な人生を歩みます。しかし彼女は強い女性でした。この女性こそ、後に、奴隷制度がいかに人間性を無視したひどいものかを人々に語って歩き、奴隷解放を唱え、アメリカ史に名を残した女性ソジャーナです（**最後のページを見せます**）。ソジャーナって聞いたことはありませんか？　火星探査機の名前ですね。彼女にちなんでつけられたのだそうです。これは、そんな彼女の一生を書いた本です。

イザベラのように、当時、奴隷は親と引き離されて売られ、見ず知らずの主人につかえるのが当たり前でした。④**『私が売られた日』**の主人公エマもそうでした。エマの家族が仕えていた主人は、どちらかといえばいい人でした。しかし、エマも売られていきます。この本は戯曲形式で書かれていて、奴隷側と売る側、双方の思いがよく描かれています。後書きを少し読みます（**長いので要約して読みましょう**）。

③（現在品切れ）

『とどまることなく
奴隷解放につくした黒人女性
ソジャーナ・トゥルース』
アン・ロックウェル 作
もりうちすみこ 訳
グレゴリー・クリスティー 絵
国土社 刊　2002年

④（現在品切れ）

『私が売られた日』
ジュリアス・レスター 著
金 利光 訳
あすなろ書房 刊　2006年

さて、みなさんは、キング牧師については習いましたね。黒人差別反対運動を推し進めた人です。彼が運動に大きく動き出すきっかけとなった出来事の一つに、お針子のローザ・パークスの逮捕があります。⑤**『ローザ』**の中には、黒人が本当に自由になるために起こした出来事がたくさん書かれています（要約して全ページ読み聞かせをします）。

キング牧師のことを詳しく知りたい人におすすめなのが、⑥**『キング牧師の力づよいことば』**です。一言ひとことに重みがあります。

さらに、もっと深く知りたい人は⑦**『黒人差別とアメリカ公民権運動』**を読みましょう。副題に「名もなき人々の戦いの記録」とあるように、今、紹介した以外にも大勢の人の力があって公民権運動が起こったことが分かりますし、この問題は根が深く、いまだに差別が続いていることも知ることができます。本を見ただけでは難しそうと思うかもしれませんが、読み始めると引きこまれます。「ジム・クロウ法」「エメット・ティルの事件」「ブラウン判決」のほかに、もちろん「ローザ」や「キング牧師」ついても書かれ

⑤

『ローザ』
ニッキ・ジョヴァンニ 文
ブライアン・コリアー 絵
さくまゆみこ 訳
光村教育図書 刊　2007年

⑥

『キング牧師の力づよいことば
マーティン・ルーサー・キングの生涯』
ドリーン・ラパポート 文
ブライアン・コリアー 絵
もりうちすみこ 訳
国土社 刊　2002年

⑦

『黒人差別とアメリカ公民権運動
名もなき人々の戦いの記録』
ジェームス・M・バーダマン 著
水谷八也 訳
集英社 刊　2007年

ています。

ここで少しアメリカから離れ、私たちの問題として考えてみましょう。（**⑧『世界がもし100人の村だったら』の一三ページを開き**）ここに、「有色人種・白人」とありますが、みなさんは自分が何人種だと思いますか？（**答えを待って**）有色人種ですね。では、有色人種って何でしょう。肌色ってどの色でしょうか？　日本人の私が思う肌色はこれらです（**cを使って日本人の肌だと感じる色を何種類か見せます**）。でも、世界に目を向けると、こっちやこっち（**白、薄クリーム、黒、こげ茶、茶を見せて**）が肌色だと思う人もいるのではないでしょうか？　今では「肌色」という言葉そのものが人種差別に当たることもあり使わなくなりました。世界には自分とは顔つきや肌の色はもちろん、考えることや習慣、言葉や好みなどが違う人が大勢いることを知ってほしいですし、それがどんなにすばらしいことかを感じてもらいたいと思います。

最後に⑨『**せかいのひとびと**』を読みます（**全文読みます**）。これで、ブックトークは終わりです。

⑧

『世界がもし100人の村だったら』
池田香代子 再話
C.ダグラス・ラミス 対訳
マガジンハウス 刊　2001年

⑨

『せかいのひとびと』
ピーター・スピアー えとぶん
松川真弓 やく
評論社 刊　1982年

※世界の人口が新しい版を使用。

a

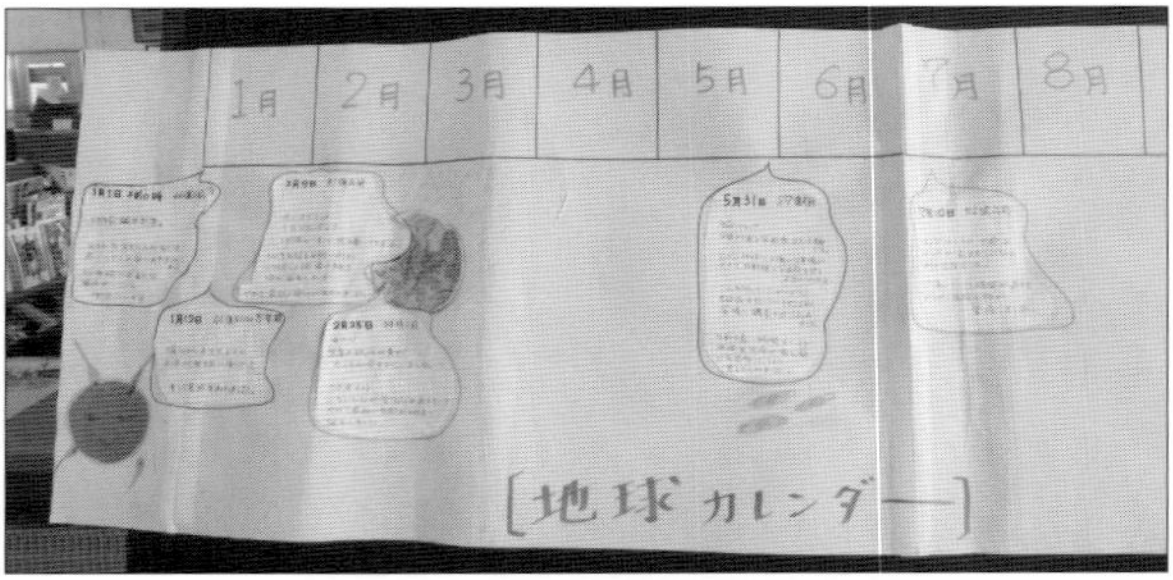

カレンダーは横長の紙を何枚かつないで作ります（上）。「12 月 31 日」は別紙にまとめます（右）。

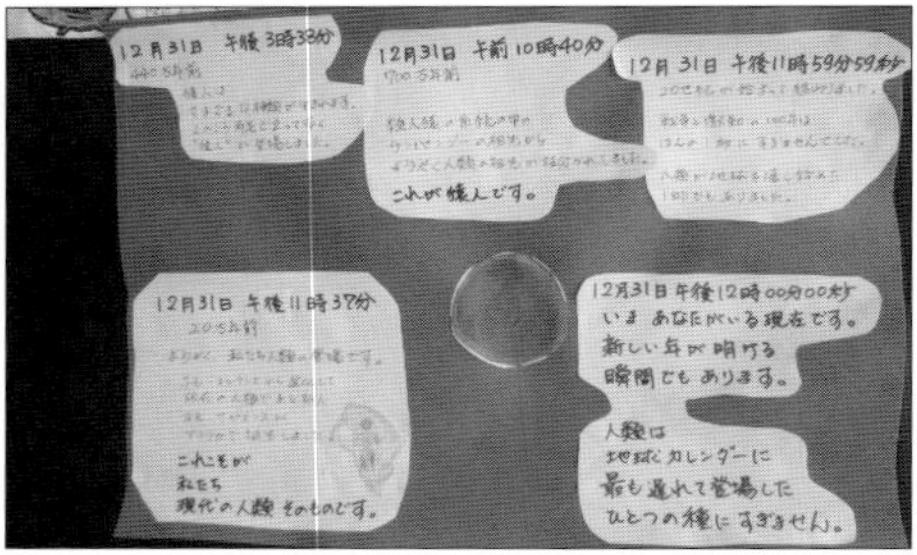

b

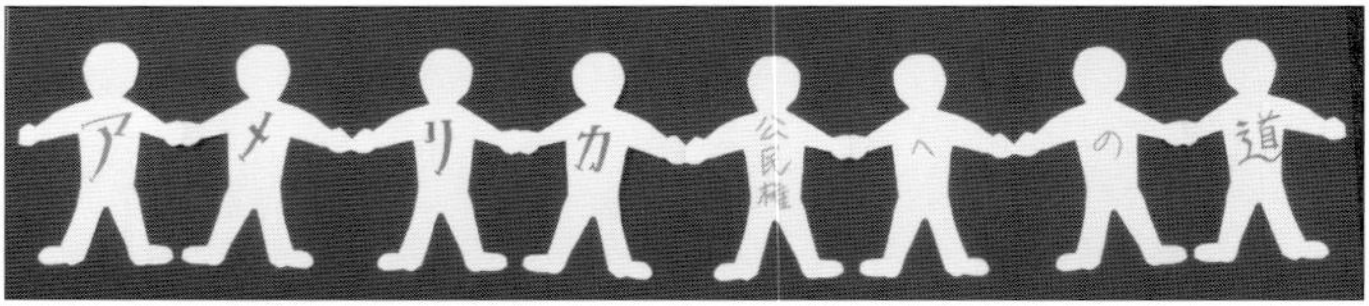

これを何年間も使いつづけています。

社会

ひといき

歌と絵本のコラボレーション

　キング牧師やローザ・パークスの本を購入したころ、全国で活躍しているシンガーソングライターであり信州大学の講師でもある三浦久先生のライブに行き、私の中に歌と本が一体化したブックトークをやりたいという強い思いが生まれました。

　ブックトークの後、三浦先生にトーク（カリフォルニアへの留学経験があり、アメリカ社会の現状を具体的に知ることができます）と歌をお願いします。その際、歌に合わせて私が本を見せます。アメイジンググレイスでは『あなたがもし奴隷だったら』、キング牧師の歌では『キング牧師の力づよいことば』。絵本と歌がぴったりなので、生徒へのインパクトはとても大きいです。

2人で始めたばかりのころ。三浦先生の「ローザ・パークス」の歌に合わせて、『ローザ』を見せました。

ことばで科学

〈対象〉一年生

〈ねらい〉夏休み明けのうだるような暑さが続く中、一年生に少しほっとできる時間をあげたいとの依頼から実施しました。思わず笑ってしまう生き物の絵本を中心に構成しています。

〈時間〉三〇分

〈場所〉図書館

〈用意するもの〉

a ⑥『**まどさんと さかたさんの ことばあそび**』の中の〈アンケート〉〈アンケートⅡ〉を厚紙に書きます。裏面にはそれぞれの答えを書いておきます。

導入

①**『ちいさな みどりの かえるさん』を読みます。**

オタマジャクシがカエルになる様子が、八枚の絵の中に上手に収められていました。今日は生き物たちの不思議について、一緒に考えてみましょう。

みなさんは、カエルの足がどうやって生えてくるのか知っていますか？　私は知りませんでした。だから、この本**（②『たんぼのカエルのだいへんしん』を見せて）**を読んでびっくりしました。だってね……**（と言って一四～二一ページ読み）**こんなふうに左右違った生え方をするなんて！　後ろ足のように、最初に小さい足が生え、それがだんだん長くなって、ちゃんとした足になるのかと思っていたので、この前足の生え方には目を見張りました。右の前足は、いきなり皮を破って出てくるのですね。「いきなり」は左も同じですが、こちらはえら穴からすぽっと生えてきます。

オタマジャクシは間違いなくカエルになりますが、ではチンパンジーが人間になる日は来るのでしょうか？**（生徒たちを見回し**

①

しかけえほん
『ちいさな みどりの かえるさん』
フランセス・バリー 作
たに ゆき 訳
大日本絵画 刊　2008年

②

ふしぎがいっぱい写真絵本 15
『たんぼのカエルのだいへんしん』
内山りゅう 写真・文
ポプラ社 刊　2009年

ます）。その答えを探すのにぴったりな本がこれです（③**『チンパンジーはいつか人間になるの？』**を見せて、一六・一七ページを読みます）。チンパンジーはもちろん、ゴリラやサルだって、人間になる途中でもなり損ねた動物でもなく、進化の道がそれぞれ違うのですね。この本は、チンパンジーの話にとどまらず地球上の生物の進化について深く切り込んだ科学書で、まるで一コマ漫画を見ているように感じさせるイラストや、話しかけるような文体が私たちを自然の中に優しく導いてくれます（**五〇・五一、七九、一一四ページのイラストを見せて、吹き出しやコメントを読みます。続いて、一六九ページの「生き物は、」から同ページの終わりまで読みます**）。私たち人間と地球上の生物たちが、同じ地球で共存していくための道しるべも示されています。

イラストが魅力的ということであれば、この④**『どうしてそんなかお？ 鳥』**も負けていません。イラストもさることながら、何より鳥の「顔」という着眼点が斬新です。「〝どうしてそんな顔？〟って聞かれてもねえ」と鳥が答えるところを想像してみてください。

③

『チンパンジーは
いつか人間になるの？
おどろき動物進化学』
熊谷さとし 著
偕成社 刊　2009年

④

絵本図鑑２
『どうしてそんなかお？ 鳥』
有沢重雄 作
今井桂三 絵
アリス館 刊　2011年

なんだかおかしくて笑ってしまいますね。（「ツバメ」「フクロウ」「ニワトリ」の項目を読み）鳥の顔の形には、それぞれにちゃんと訳がありますね。ツバメは「とびながら えさの虫をあつめるのに べんりなんだよ」と言っているように、わざわざ止まって虫を集めているのではないのですね。水を飲むのさえ飛びながらだというのですから、大きく口が開くのも納得できます。ニワトリはとさかが立派かどうかが、「メスにモテモテになる」ことに大きく関係しているそうですよ。

「それじゃあ、体はどうしてこんな形をしているの？」と、次は体の形について不思議に思いませんか？　そんな疑問に答えてくれているのが、⑤『**絵とき 生きものは円柱形**』です。なるほど、生き物の体には確かに円柱形のものが多いですね。それがなぜなのか、やっぱり訳があるようです。この本を読めば、その隠された秘密が分かります。

みなさんの体も同じように円柱形で柔軟ですよね。では、頭はどうでしょうか？　もちろん脳みそを守るために頭蓋骨があるの

⑤

『絵とき 生きものは円柱形』
本川達雄 文
やまもとちかひと 絵
福音館書店 刊　2011年

で硬いですが、そうではなくて考え方についてです。そこで、クイズに挑戦してもらいましょう。
（aの〈アンケート〉を出して）お父さんを何と呼びますか？**（aのクイズを読み上げ、答えてもらいます）**そうですね、では、オットセイの子はお父さんを何と呼びますか？**（生徒が正解したら拍手。なかなか当たらない時は、裏返してこちらが答えを言います。これを繰り返します）**。どうですか、だんだん頭が柔らかくなってきましたか？　続けていきますよ。**（〈アンケートⅡ〉を出して）**お母さんを何と呼びますか？**（先ほどと同様に行います）**

今のアンケートは、この詩の本から出しました**（⑥『まどさんと　さかたさんの　ことばあそび』を見せ、目次の〈アンケート〉を見せます）**。まどさんとさかたさんは、とても有名な詩人です。ほかにも二人でユニークな詩をたくさん作っています。

こうしたことば遊びの中には、物売りの口上という今ではめったに聞かなくなったものもあります。今日は中でも有名な⑦**『がまの油』**を紹介しましょう。**（冒頭からがまが油汗を流すところま**

⑥
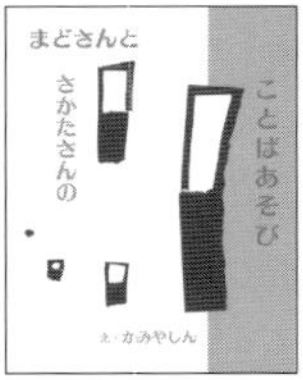

『まどさんと さかたさんの ことばあそび』
まどみちお・阪田寛夫 文
かみやしん 絵
小峰書店 刊　1992年

⑦

声にだすことばえほん
『がまの油』
齋藤孝 文
長谷川義史 絵
ほるぷ出版 刊　2005年

でを読んで）口上は、今読んだように、テンポよくリズミカルに強弱をつけて言います。これにうっかり乗せられて物を買ってしまう人が多かったのですが、このがまの油売りは、最後の最後に大失態を演じます。読んだ中に「四六のがま、前足の指が四本、後ろ足の指が六本、で四六のがまだ」という部分がありましたね。このがまの油売りの言うこともまんざらうそではなく、ちゃんとカエルの生態は知っているようです。油については、科学的にはうそでしょうけれどね。この本は「声にだすことばえほん」というシリーズの一冊です。ほかにも**『寿限無』**や**『吾輩は猫である』**など様々な名作を取り上げていて、どの本にも作品とマッチした絶妙な挿絵が添えられています。名作といっても決して堅苦しくないので、絵本を繰る感覚で楽しめます。

　それでは最後になりますが、普通の人なら見過ごしてしまうような小さな生き物をよく観察し、その生態にまで触れた絵本を読みたいと思います（⑧**『ガンバレ!! まけるな!! ナメクジくん』**を読み聞かせします）。

理科

⑧

『ガンバレ!! まけるな!!
ナメクジくん』
三輪一雄 作・絵
偕成社 刊　2004年

原子ってなに？分子って何？元素ってナニ？

〈対象〉二年生

〈ねらい〉図書館にはあまり貸出のない棚もあり、科学や物理もその一つ。しかし、読んでみると自分が思っている以上におもしろい本が多いものです。せっかく理科で原子や分子について習うのですから、その機会を逃す手はありません。学習後なるべく早くに行うと、生徒も興味を持って聞いてくれます。場所を図書館にすることで4類の棚の前に立ってあらためて本を探す生徒が増えます。

〈時間〉三五分

〈場所〉図書館

〈用意するもの〉a　原子・分子の模型。⑨『**もしも原子がみえたなら**』と一緒に売っています。教科担当に尋ねてみましょう。

理科

導入

みなさんは教科書で原子と分子について習ったばかりですね。原子って何か、分子が何なのかしっかり理解できましたか？　中には「うーん、よく分からない」と思っている人もいるかもしれませんね。図書館には原子や分子・元素について書いてある本が何冊もあるので、今日はそんな本を紹介します。

（aを見せて）みなさん、これ、何だと思いますか？（生徒の答えを待って）いろいろ出ましたが、この質問の答えは最後に分かりますよ。お楽しみに。それでは、「原子ってなに？　分子って何？　元素ってナニ？」のブックトークを始めます。

二〇一一年三月の東日本大震災の時に起きた原発事故以来、みなさんは放射線という言葉に敏感になっているのではないかと思います。最初はずばり、①『**みんなが知りたい放射線の話**』という本です。でも、今日注目したいのは放射線そのものではなく、

①

ちしきのもり
『みんなが知りたい放射線の話』
谷川勝至 著
少年写真新聞社 刊　2011年

この中にある「原子」についてです。分かりやすく説明されているので読みますね（一一ページ「身のまわりにある」～一四ページ「…周期律表といいます。」までを読みます）。身の回りにあるすべての物質は原子という粒からできているということは、みなさんが今、手をついている机、座っている椅子も、ノートも本も、みんな原子が集まっていることになります。そしてその原子は、とても小さいことも分かりました。

さらに原子は、もっともっと小さい原子核と電子の粒からできているようです。本の中には原子のほかに「元素」という言葉がありましたが、この違いが分かりますか？　元素は「それぞれの原子の性質を表す時に使われる言い方」だそうです。その性質に基づいて並べたものを周期律表というのですね。私たちは「周期表」と言っています。

それでは今度は元素について、ほかの本にも当たってみましょう。といっても、耳で聞いてもピンとこない人が多いと思うので、最初は視覚で捉えてみることにします。元素を写真で表したとて

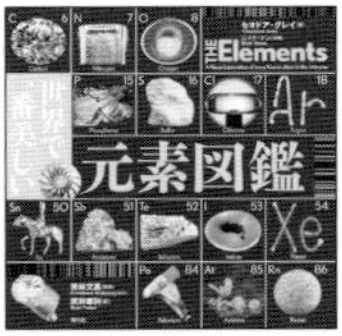

②

『世界で一番美しい元素図鑑』
セオドア・グレイ 著
ニック・マン 写真
若林文高 監修
武井摩利 訳
創元社 刊　2010年

もきれいな本（②**『世界で一番美しい元素図鑑』**を見せて）を紹介します。これなら文章を読まなくても、写真を見るだけで十分に楽しめます。（写真をぱらぱらめくって）元素ってこんなに美しいものなのですね。

一方、（③**『周期表　ゆかいな元素たち！』**を見せて）こちらはかわいいイラストで描かれているので親しみが湧きます。一つひとつの「元素のキャラクター」が興味をそそりますよね。これなら手に取りやすいし、一人ででも最後まで読めそうです。周期表についても詳しく知ることができます。

そこで今日は、借りて帰るにはちょっと重い本をみんなで見たいと思います。その名も、④**『元素がわかる事典』**。（二〇ページを開き）まずは、元素誕生の瞬間から追ってみましょう。元素はビッグバンにより誕生したと考えられています。読んでみますね（二〇～二六ページの主なところを拾い読みします）。私たちの体も元素でできているのですね。ではここで、みなさんに質問をします。これだと思ったものに手を上げてください。今読んだところに、「人

③

科学キャラクター図鑑
『周期表　ゆかいな元素たち！』
サイモン・バシャー 絵
エイドリアン・ディングル 文
藤田千枝 訳
玉川大学出版部 刊　2009年

④

『元素がわかる事典
発見の歴史から特徴・用途まで』
宮村一夫 監修
ＰＨＰ研究所 刊　2010年

間の体はおよそ34種類の元素でできている」とありました。犬はどうでしょうか。人間とまったく同じ元素でできていると思う人？　いや、まったく違う元素だと思う人？　何かが少し違うと思う人？　答えは……**（五八ページを読みます）**。元素であることは変わりなく、その比率がほんの少し違うのです。どうやら生物は同じ元素の集まりのようです。

この答えは⑤**『目で見る化学』**でも知ることができます。**（四二・四三ページを開いて、元素を指さしながら）**この写真で見ると「これでできているの？」と驚きます。ところで、もしもこれらの元素をブレンドして人間を製造することができたら、とても怖いと思いませんか。あの有名な「フランケンシュタイン」が生まれた背景は、こういうものでした**（一八・一九ページを読みます）**。

元素からフランケンシュタインにまで話が飛んでしまいましたが、今までみんなで見てきたことをまとめてみましょう。きっとみなさんの中には、「原子、元素の違いが分かったような、分からないような」人がいるのではないかと思います。実は私も、分かっ

⑤

『目で見る化学
111種の元素をさぐる』
ロバート・ウィンストン 著
相良倫子 訳
さ・え・ら書房 刊　2008年

たような分からないような、という感じです。この違いをはっきり書いたものを読みたいと思います⑥**『最新図解 元素のすべてがわかる本』**八・九ページの文章、図の説明を読みます）。この本から、分子は原子が結合してできていることが分かりました。酸素原子が二個くっついて酸素分子に、窒素原子が二個くっついて窒素分子に。水の分子は、酸素原子一個に水素原子が二個くっついたものという具合ですね。

この分子についてもっと詳しく知りたい人には、⑦**『分子のはたらきがわかる10話』**をおすすめします。今まで紹介した本に比べて文章量が多いですが、分子の持っている力や分子の働き、さらに私たちの暮らしの中でどう役立っているかなどが具体的な言葉で書かれています。**（裏表紙の紹介文を読み）**このように、身近なものへ興味を向けさせてくれる内容で、ところどころ添えられたイラストにも思わずほほえんでしまいます。難しい話のようですが不思議と最後まで読めるのです。

このテーマでブックトークをすると決まったとき、本当は一番

⑥

『最新図解
　元素のすべてがわかる本』
山本喜一 監修
ナツメ社 刊　2011年

⑦

『分子のはたらきが
　わかる10話』
齋藤勝裕 著
岩波書店 刊　2008年

にこの本（⑧**『もしも原子がみえたなら』を見せて**）を紹介したいと思ったのですが、残念ながら私には内容が理解できませんでした。そこで、科学の本から少しずつ知識をつけ、ようやくこの本にたどり着くことができたのです。題名にあるように、「もしも見えないものが見えたら」と考えただけでワクワクしましたし、表紙の女の子の楽しそうな表情からも、「きっとみんなも私と同じ気持ちになってくれるに違いない」と思ったのです。

　初めに開いた時はイラストに対して高度な内容で飲み込むのに苦労しましたが、今なら意味がわかります。（**二ページを読みます。その後、六・七ページを開いて指さしながら**）これは空気の中を目に見える形にしました。一つの粒が原子と呼ばれるもので、赤が酸素原子、青が窒素原子です。それぞれ二つくっついたものを分子と呼ぶことはもう分かりますよね。空気の粒は何もないところを自由に走りまわっています。（**八・九ページを開き、それぞれを指さしながら**）空気の中の大部分を酸素分子が占めていると思っていましたが、実は窒素分子の方が多く、酸素分子の四倍近くも

⑧

いたずらはかせのかがくの本
『もしも原子がみえたなら』
板倉聖宣 著
さかたしげゆき 絵
仮説社 刊　2008年

あるそうです。

あれ、ここに、酸素でも窒素でもない不思議な形の分子が混ざっています。何でしょうね（一〇ページを読みます）。最初に見た模型とそっくりな絵が出てきました。みなさんにはこれが何なのか、もう分かっているかな？　それでは先生に説明をしてもらいましょう（教科担当に模型が何を表すのかを導いてもらいます）。この模型は原子や分子だったのですね。

世界を原子単位で考えたらきりがないですが、これがおもしろくてやめられない人が科学者になるのかもしれません。みなさんの中にも、科学の話に興味を持ち、将来科学者になる人がいるかもしれませんね。

ものの本質を見分けよう

〈対象〉三年生

〈ねらい〉三年生の担任（理科教諭）の「社会に出ると様々な人に出会うが、自分とは異なる意見を持つ人や苦手な人を排除するのではなく、そうした人々の真の姿を見極める力をつけてほしい」との思いを、実験を交えて伝えました。実験はどれも手軽に行えます。

〈時間〉五〇分

〈場所〉図書館

〈用意するもの〉
a　小便小僧 一体、バケツ 一つ、お湯 適量
※理科教材を扱うお店で売っています。
b　米と豆をそれぞれ五〇の線まで入れたメスシリンダー各 一個
c　サラダ油を八〜九分目まで入れたビーカー大・小 各一個
d　しめじ 一かたまり、フォーク 一本、水を八分目まで入れたコップ 一個
※bとdはグループの数分用意します。

導入

（始める前にクラスを六グループに分けておきます）今日はおもしろいものを持ってきました。なんと、「小便小僧」です。

【実験1　小便小僧】※aを使います。

（水を張ったバケツの中に小便小僧をつけます。後ろの方で退屈そうにしているような生徒がいたら、おもしろい実験なので前に来るよう促します。全員が集まったところを見計らって、小便小僧にお湯をかけます。すると、勢いよくおしっこをします）

どうしてこの子は、頭からお湯をかぶったらオシッコをしたのでしょう？　これにはちゃんと訳があります。理科の先生に説明してもらいましょう（教科担当に説明してもらいます）。

なるほど、空気が膨張したり収縮したりするのを利用していたのですね。ところで空気は目に見えないので、いつも周りにあるのに私たちは特別に意識したことがありませんよね。空気は「もの」とも考えられます。（①**『役立つ理科こばなし　①ものの世界の探検』**の一二二ページ**「空気も物といえるの？」**を読んで）空気には重さも体積もあるのです。

今日は、今の実験のように、実際は目に見えなかったり見えていても実態が違ったりする実験をいくつか紹介したいと思います。普段感じたり考えたりしていることは、実は物事のほんの一部分で、見方を変えるとまったく別のものが見えてくることを知ってもらえたら、と思います。題して、「ものの本質を見分けよう」です。

では、実験の続きをしましょう。今度はみなさん自身にやってもらいますよ。

【実験2　米と豆】※bを使います。

豆がメスシリンダーの五〇の線まであるかどうかを確かめてください。米も五〇の線までありますね。では、二つを合わせてく

①

『役立つ理科こばなし
①ものの世界の探検』
玉井裕和・宮内主斗 編著
星の環会 刊　2006年

ださい（ここでも、「あっ」という声が上がります）。どうでしたか？　誰でも「50＋50＝100」ということは知っていますが、大きさの違うもの同士を合わせると、思ってもみない結果になります。この世界には「1＋1＝2」ではないこともあるのですね。

（②**『おもしろ理科こばなし　①ものの世界55話』**の一一ページを開き）この本の「物の大きさ（体積）とは？」に、どうしてこうなるのかが書いてあります（一一～一三ページの五行目までを読みます）。題名にあるとおり、何だかおもしろく感じてきます。それはこの本に出てくる二人の会話を見ただけでも分かりますよ（一九、一五五ページの会話を読みます）。せっかくですので、今の実験を理科の先生に詳しく説明してもらいましょう（教科担当に説明をお願いします）。

【実験3　手品】※cを使います。

ではここで、私がひとつ手品を披露しましょう！（サラダ油の入った大きなビーカーに小さいビーカーを入れます。この時、ビー

②

『おもしろ理科こばなし
①ものの世界55話』
宮内主斗 編著
星の環会 刊　2004年

カーの中身が油であることはふせて水が入っていることにします）ほら、すごいでしょう。だんだんと中のビーカーが消えていきますよ。水の中のビーカーがすっかり見えなくなりましたね。これはどうして起こるのでしょう？（教科担当に詳しく説明してもらいます）

サラダ油の屈折率とガラスやアクリル樹脂の屈折率は同じだったのですね。サラダ油の中にサラダ油が入ったようなものですから、見えなくなる訳です。こんな種明かしがあったのですね。

これと似た実験が、③『**科学手品ファンクラブ**』の二八・二九ページに載っています。この本には、ほかにもコップや水で簡単にできる手品がたくさんあります。手品に挑戦したい人はこれなら簡単に成功しますよ。ぜひチャレンジしてください。

今のコップには種がありましたが、この④『**まほうのコップ**』には種も仕かけもありません（と言って、全文読み聞かせをします）。それでは、みなさんにもやってもらいましょう。

【実験4　まほうのコップ】※dを使います。

③（現在品切れ）

どこでも大ウケ！
『科学手品ファンクラブ』
外西俊一郎 監修
成美堂出版 刊　2000年

④

『まほうのコップ』
藤田千枝 原案
川島敏生 写真
長谷川摂子 文
福音館書店 刊　2012年

（④を参考に、**生徒たちに実験をさせて**）どうですか、しめじがガマガエルになりましたか？　一本のフォークが二本に見えましたか？　これには光が関係しているようです。物体に当たった光が、ガラスや中の水を通過することで屈折などの現象が起き、いろいろな形の変化を見せてくれるのですね。私たちは光のいたずらに簡単にだまされてしまっていて、本物の姿が分かっていないこともありそうです。

　ここまでいろいろな実験をしてもらいました。目に見えているものだけを信用するのでなく、本質を見る。これは科学的なことに限らず、生き物の世界にもいえることです（⑤**『どうぶつさいばん　ライオンのしごと』**の**「ドドドー、ドドドーとヌーの群れがかけていきました。」～「オオカミは、たいせつな羊の守り神です。」**までを読みます）。一見、ライオンは悪者に思えるでしょう？　けれど、ライオンが弱っている動物を襲うことは自然界の摂理を守るためには必要なことなのです。これも、「ものの本質を知る」上では大切なことの一つです。

⑤

『どうぶつさいばん
ライオンのしごと』
竹田津 実 作
あべ弘士 絵
偕成社 刊　2004年

同じくライオンが登場するもので、こんな本もあります。⑥『**ヤクーバとライオン I勇気**』の主人公ヤクーバが住むアフリカ奥地の村では、一人前の大人の男として認められて名誉ある兵士になるために、ライオンと戦って村人たちに勇気を示さなければなりませんでした。しかし、ヤクーバの前に現れたライオンは疲れ果て、傷ついていました。ヤクーバはライオンを殺さずに、自ら臆病者と言われる道を選びます（**説明に合わせてページをめくり、絵を見せます**）。どうしてでしょうか？（**あとがきを一九行目まで読みます**）このあとがきは訳者の柳田邦男さんのものですが、みなさんが考える勇気とはどんなものでしょう。その答えは大人になるまでの課題ですね。

続いて紹介する本もアフリカが舞台です。物語は、主人公の少女の幼い妹が死んでしまうことから始まります。この後、少女の周りではお母さんを含むたくさんの人が亡くなります。そして最後には、親友がエイズにかかっていることも分かります。少女と親友は自ら望んで今の生活を送っているわけではありません。貧

⑥

『ヤクーバとライオン I勇気』
ティエリー・デデュー 作
柳田邦男 訳
講談社 刊　2008年

⑦

『沈黙のはてに』
アラン・ストラットン 著
さくまゆみこ 訳
あすなろ書房 刊　2006年

しさや家庭環境の悪化などの不幸が重なり合ったのです。しかしその根本には、アフリカ社会全体が抱える貧困という大きな闇が潜んでいます。その事実を知る時、私たちの心には何ともやりきれない思いが残ります。しかし同時に、真実を知ることの大切さにも気づきます。⑦**『沈黙のはてに』**という本です。

　お話は一六歳のアフリカの少女から一四歳の日本の少女へと移ります（**⑧『まいなす』を見せます**）。この「まいなす」は「那須舞」という主人公の名を英語読みしたあだ名です。マイナスは明るくて正義感が強く、まっすぐな心を持った少女です。そのマイナスが思いがけない事件に巻き込まれていくのです。簡単なミステリーですが、あちこちに人間の本質をついた文章が散りばめられていて、人間には内と外の顔があることも分かります。主人公が中学生なので、みなさんもきっと共感できることでしょう。ぜひ読んでみてください。

⑧

『まいなす』
太田忠司 著
ＰＨＰ研究所 刊
2012年

一番前にいた男子生徒に小便小僧の水が勢いよく噴射され、
生徒が大笑いして飛びのいた様子。

ひといき

教諭と二人三脚で

担任からこのお話をいただいた時、司書の私が道徳的な授業を行うことにためらいがありました。これは担任の教えることであって、私が口を出してもいいものなのかと。私の勤める学校では、毎年、全校行事で人権教育の導入としてブックトークを行うのですが、それとは少し異なる気がしたのです。

そこで担任が理科教諭であったこともあり、二人で実験と本の紹介をやってみようと考えました。私は本の紹介を、そしてブックトーク終了後に担任から自分の思いを伝えてもらうことにしたのです。その時に担任の願いが生徒たちに伝わらなくても、生徒たちが大人になってから、「あの時の授業は、こういう意味だったのかな？」と思ってもらえる内容にしようと。合言葉は「楽しく！」。その言葉どおり、生徒たちの笑顔が弾けたブックトークでした。

この後もこのクラスでは、生徒たちの卒業まで数回にわたり担任と一緒にブックトークを行いました。ゆっくりと時間をかけて行うことの大切さを実感した取り組みでした。

絵本で数学!?

〈対象〉一年生

〈ねらい〉算数は好きだったけれど数学は嫌い、という一年生は案外いるものです。そうした生徒たちは、算数から数学に名前が変わっただけで難しいと感じている様子です。そんな生徒たちに、もう一度、「数字はおもしろいものだった」と思い出してもらいたいと計画しました。

〈時間〉三〇分

〈場所〉教室

導入

① 『10』を見せます。仕かけ絵本なので見せ方の練習をしておきます。

ここに「10」と書かれています。でも本を広げると、あら不思議！（ページを広げて）「01」になりますよ。「9」を広げると「2」になります（と言いながら進めます）。帰り道は「01」が「10」に、「2」が「9」になります（逆から本をたたみます）。「おもしろいからもっと詳しく見たい」と思った人は、ぜひ試してみてください。今日のテーマは「絵本で数学!?」。「数」に関係したものを紹介します。

今、読んだ「テン」という絵本はよくできていましたね。10までの数はほとんどの人が得意とする数字ですが、これを超えた「大きな数」になればなるほど、「苦手」という人が出てきますよね。実は私も大きな数は大の苦手です。以前の私は「数学」と聞いただけで頭が痛くなっていました。でもこの絵本 ② 『だいたい　いくつ？』を見せて）は、そんな心配がいりません（三～七、

数学

①
『10』
マリオン・バタイユ 作
大日本絵画 刊　2010年

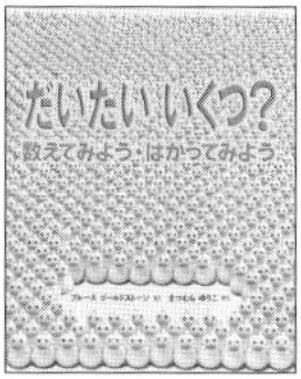

②
『だいたい　いくつ？
数えてみよう・はかってみよう』
ブルース　ゴールドストーン さく
まつむらゆりこ やく
福音館書店 刊　2010年

一〇・一一、二六・二七ページの太字と二七ページの「ぼくたちのまわりには」の一文を読みます）。「だいたい　いくつ？」と思ったら、この絵本を思い出してください。数のわかっているかたまりと比べたり、ひとかたまりずつざっと数えたり、一部分を数えてかけたりすれば「だいたいの数」がつかめそうですね。

　この本のように何でも数えるのが大好きな恐竜がいます（③**『さんすうサウルス』を出して、四・五ページを読みます）**。生まれた時から数えるのが大好きで「さんすうサウルス」と名づけられた恐竜は、大きくなるにつれ、数字や計算がもっと好きになっていきます。そんなある日、大地が地震で裂けてしまい、さあ大変です。大事な妹が、裂け目の向こうに取り残されてしまいました（**二四・二五ページを見せます）**。でも、この「さんすうサウルス」は得意な計算で妹を無事に助け出すことができたのです。こんなふうに、計算や数字で命を助けることもできるのですね。

　この調子で、苦手な人も好きになれるといいなあと思い、興味が持てそうな数字の本を探しました（④**『数学　はじめの一歩！』**

③

『さんすうサウルス』
ミッシェル マーケル ぶん
ダク クシュマン え
はいじまかり やく
福音館書店 刊　2011年

を見せます）。まさに、「はじめの一歩」です。見てのとおり、ほとんどがイラストで説明されているので、絵本感覚で楽しむことができます。第一章にははじめに私が話した内容が書いてあり、実は数学嫌いな人がたくさんいるのだと安心できます（四ページ**を読みます）**。嫌いな原因の一つになりそうな「分数」も「Xを使った計算」も、わかりやすい言葉で書かれています。読んでみましょう**（一二・一三、二六ページを読みます）**。「なるほど」と思いますよね**（生徒の顔を見渡します）**。

「数学ってそれほど嫌じゃないかもしれない」と思い始めましたか？　そんな人には絵本をちょっと離れて、⑤**『面白くて眠れなくなる数学』**をおすすめします。「本当に眠れないほどおもしろいの？」と、みなさんが疑う気持ちは分かります。「数字を見ると睡魔が襲う」という人もたくさんいますからね。さっそく、のぞいてみましょう（三ページ「はじめに」の最初の五行を読み、表紙を見せます）。この表紙の絵にはこんな意味があったのですね。（三ページの続き～四ページの「きっとワクワク、ドキドキの連続に

④

科学キャラクター図鑑
『数学　はじめの一歩！』
サイモン・バシャー 絵
ダン・グリーン 文
原田佐和子 訳
玉川大学出版部 刊　2011年

⑤

『面白くて眠れなくなる数学』
桜井進 著
ＰＨＰ研究所 刊
2010年

なることでしょう。」までを読み）「ワクワク、ドキドキの連続になる」とありましたね。それでは目次も一緒に見てみましょう（章と柱を読み上げます。ただし柱はすべてではなく、Ⅰは「おならの匂いは半分でもやっぱり臭い？」「因数分解でセキュリティ」を、Ⅱは「ｉＰｏｄは数学が奏でる」を、Ⅲは「１＋１＝２って本当？」だけを読みます）。確かにおもしろそうです。「眠れなくなる」くらいかどうか確かめてみたら、結果を教えてくださいね。

さて、先ほどの⑤の「はじめに」の中に、「身近な風景に隠れた数学が発見されていく歴史」という文章がありました。その歴史を作った数学者のお話が、⑥**『フィボナッチ』**です。フィボナッチはいつも回りから「のうなし」とばかにされていました。父親はそんな息子に怒り、フィボナッチがやりたくもない商人の見習いを押しつけてきました。しかし、世界中を回る商人の見習いは、かえってフィボナッチに新しい数学を学ぶ機会を与えてくれたのです。そしてついに、自然界の隠れた数を見つけることができたのです。これこそが、あの有名なフィボナッチ数です。

⑥

『フィボナッチ
自然の中にかくれた数を見つけた人』
ジョセフ・ダグニーズ 文
ジョン・オブライエン 絵
渋谷弘子 訳
さ・え・ら・書房 刊　2010年

この絵本のもう一つの気になることが、フィボナッチがインド・アラビア数字に興味を持ち、一般に広めたという点です（三二ページを開き、三行目まで読みます）。インド・アラビア数字とは私たちが日常で使っている数字のことです。最後は、そんなインドの昔話です（⑦『**1つぶのおこめ**』を読み聞かせます）。「きょうは1つぶ、あしたは2つぶ、あさっては4つぶ」と倍、そのまた倍とかけていくと、三〇日でこんな数になるのですね。数って本当におもしろいですね。

⑦

『1つぶのおこめ
さんすうの むかしばなし』
デミ 作
さくまゆみこ 訳
光村教育図書 刊　2009年

★★★

数字で遊ぼう

〈対象〉 二年生

〈ねらい〉 難しくなった数学の勉強に生徒が疲れてきたと感じた教科担当が、図書館の資料を使って答えを出す「数学クイズ」を実施。図書館には数学を楽しめる本がたくさんあること、数学は自分たちの身近でも使われていることを知ってもらいたいと計画しました。

〈時間〉 三五分

〈場所〉 図書館

〈用意するもの〉

a 魔法カードと干支カード（それぞれ、①**『あなたの脳を目覚めさせる 美しい数学2』**の八ページ、一二七ページを参考にして作ります）

b 生徒の人数分の電卓

c 「1×1、11×11、111×111……」というように、一〇桁までのかけ算の計算式を紙に書きます。

d 「598598 ÷ 1001 = 598」「500500 ÷ 1001 = 500」の計算式を紙に書きます。

※cとdの書き方については一一三ページの写真を参照してください。

導入

（生徒に前に出てもらい）これから私は○○君（○○さん）の誕生日を当てます（aの魔法カードで三～四人の誕生日を当てます）。どうです、すごいでしょう。

誕生日以外のことも当てられるんですよ。今度はこれを見てください（aの干支カードを使い、数人に答えてもらいます。ただし、生徒たちはほとんど同じ干支なので、ここでは好きな動物に変えて行います）。この中の自分の好きな動物を思い浮かべてください。私は後ろを向いているので、決まったらほかのみんなに分かるように静かにその動物を指さしてください。（生徒の選んだ動物を当てて）私には超能力があるんですよ。というのは冗談で、実はちゃんと種があります。今日のブックトークは、「数字で遊ぼう」です。

ではまず、先ほどの種明かしからしましょう。それはこの本にあります（①『あなたの脳を目覚めさせる　美しい数学２』を出し

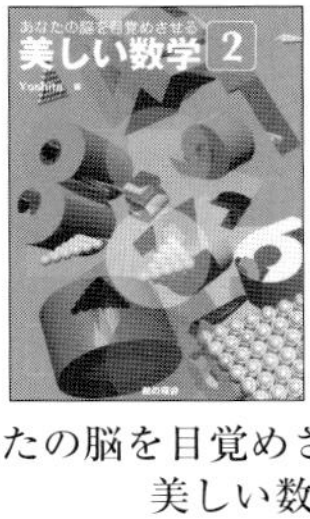
①

『あなたの脳を目覚めさせる
美しい数学２』
Yoshita 著
星の環会 刊　2007年

数学

ます）。私が今使ったカードは、ここに載っています（八ページを見せます）。このカードを使えば誰でもできますよ。（二七ページを見せて）動物を当てるものもあります。ここでは干支ですが、私がやったように、別の動物に変えて行うこともできます。

では、なぜ当たったのか答えを見てみましょう（九ページ「（2）なぜ当たる？　その秘密」を読みます）。これについて、もう少し詳しく数学の先生に説明してもらいましょう（教科担当に黒板で二進法の解説をしてもらいます）。

（その後、司書が一〇ページのバーコードを作って見せて）「数学なんて私たちの生活には関係ない」と思っていましたが、商品にはられているバーコードもこの方法を使っています。私たちの身近なところにも数学があったのですね。

（①を指さし）今、私が読んだ本はシリーズの第二巻です。「2」があるということは、当然「1」もありますよね（②『あなたの脳を目覚めさせる　美しい数学1』を見せます）。こちらの本でも遊べるのかな？　せっかくですから見てみましょう。

②

『あなたの脳を目覚めさせる
美しい数学１』
Yoshita 著
星の環会 刊　2007年

数学

（一四ページの「電卓で遊ぶ」を開いて）これなんておもしろそうですよ。（教諭にbを配ってもらいます。最初から配ってしまうと生徒がいたずらしてブックトークに集中できないので、このタイミングで配るといいでしょう。やり方を説明し生徒にやらせると、あちこちから感嘆の声が上がります。それを受けて）答えは「2220」になったでしょう。どうしてこんな不思議なことが起こるのでしょうか。それでは、なぜかという説明を数学の先生にお願いしましょう（一四ページ「789＋963＋321＋147」の部分の説明をしてもらいます）。

数字も電卓も不可思議で、驚くことが多そうですね。中でも「1」という数字は、とても魅力的だと思いませんか。（③『**もしも数字がしゃべったら**』を出して）ここに数字の本があります。ここではそんな「1」が自己紹介をしているので、読んでみたいと思います（二六ページを読みます）。どうやら、「1」はプライドが高そうです。でもせっかく登場してもらったので、この「1」でも遊んでみたいと思います。

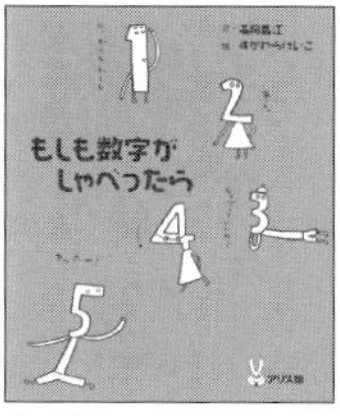

③（現在品切れ）

『もしも数字がしゃべったら』
高岡昌江 文
すがわらけいこ 絵
アリス館 刊　2004年

④**『数の悪魔』**は算数や数学が大嫌いな少年ロバートの夢の中に奇妙な老人「数の悪魔」が現れて、夜な夜な数字のレッスンをする、というお話です。どんなレッスンかというと……。**（二〇・二一ページの電卓で計算してもらいます。「1×1、11×11、111×111……」と1が一〇個並んだところで、「あ」という声が起きるので**1が10の位までいくと数が狂ったでしょう？**（cを出して説明します）**10の位になると、縦に並んでいる1が10になり繰り上がるから、さっきのように狂ってしまうのですね。**（二三ページの悪魔の絵を見せて）**このことに気づかされた数の悪魔が、怒ってしまいましたよ。これは大変、別の本へ逃げることにしましょう。

（⑤『目で見る数学』の四四ページの「魔法の"1"」を見せて）今の問題がここにもあります。こちらの本には、ほかにもたくさんのマジックやパズルが載っています。せっかく電卓を持っているのでやってみましょう**（四八ページの「魔法の電卓」にチャレンジさせます）**。ある数を「7、11、13」で続けて割ると、こんなに不思議なことが起きるのですね。なぜかというと、この三つの数

④

『数の悪魔
算数・数学が楽しくなる12夜』
エンツェンスベルガー 著
ベルナー 絵
丘沢静也 訳
晶文社 刊　1998年

⑤

『目で見る数学
美しい数・形の世界』
ジョニー・ボール 著
山崎直美 訳
さ・え・ら書房 刊　2006年

字をかけると「1001」になるからなのです（dを見せて説明します。困った時は教科担当に解説してもらいましょう）。

こうして考えてみると、「0」も神秘的な数ですよね。（再び③を出して）それでは「0」にも自己紹介をしてもらいましょう（八〇ページを読みます）。ちょっとこれでは頼りないですね。ほかの本ではどうでしょう（⑤の二二ページの「新年を祝う！」以外の部分と、二三ページを読みます）。ここに、ゼロは、「〝何もない〟という特別な役割」とありました。ゼロは数字としては最後に登場しましたが、どちらもとても奥が深い数のようです。

普段、私たちは感覚的に「0」の次の数を「1」だと思っていませんか？（④を出し）でも、さっきの本を読んでいるうちに、「0」と「1」の間には終わりのない数字が潜んでいるんだと気がつきました。（六九ページ「はてしない行列は、」～「…どの数も1より小さいわけでしょ」までを読み）いくら「0.00000……」と続けても、「0」と小数点が存在する限り、「0」と「1」の間には果てしない数ができるわけなのです。数は無限です。これには「数

数学

の悪魔」も参ってしまうわけですね。

どうでしたか、数学ってとてもおもしろいことが分かりましたね。どうか、「数学嫌い」なんて言わずに、数字たちと仲良くなってください。今日は紹介しきれませんが、図書館にはこういう楽しい数学の本がまだたくさんありますから、分からないことがあったり知りたいことがあったりしたら、いつでも声をかけてください。

c

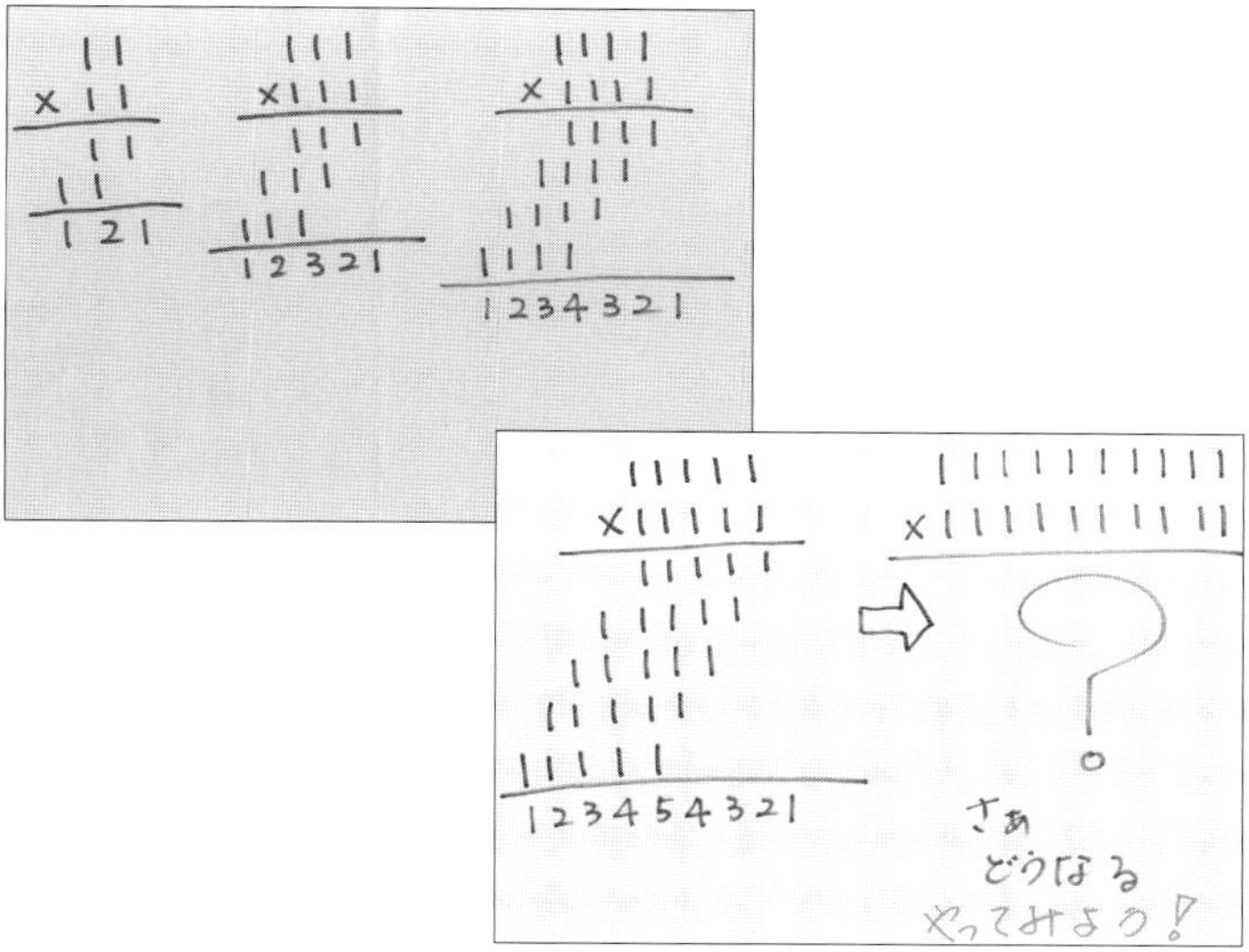

d

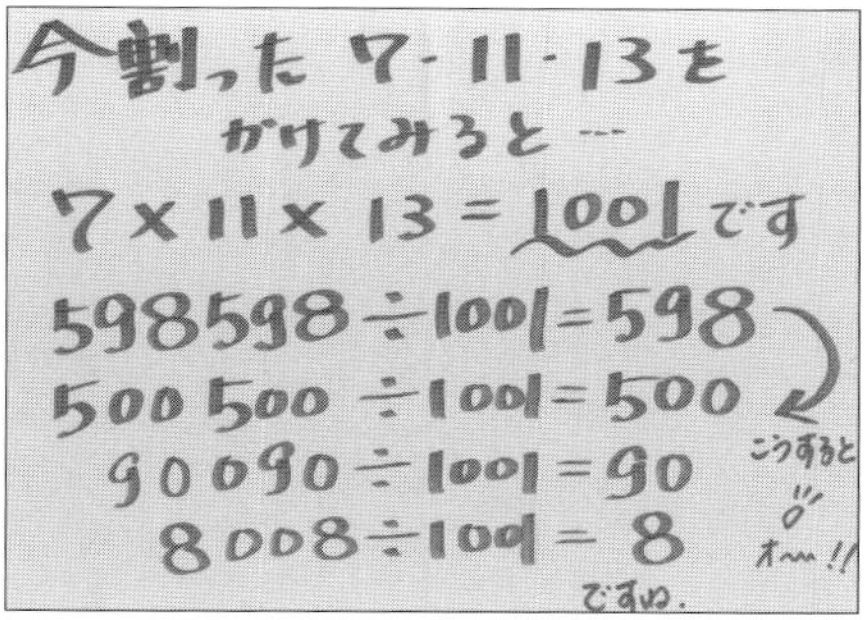

c・d共にマジックで大きく書くことがポイントです。

日本の文化に親しもう

〈対象〉二年生

〈ねらい〉文化祭が終わり浮き足立っている生徒に、単元（日本の美術）の導入として楽しめて、なおかつ日本の文化が分かるものを、との依頼から実施。時期を問わず、冊数を減らしても行えます。

〈時間〉三〇分

〈場所〉図書館

〈用意するもの〉
a 「はなさかじいさん」「こぶとりじいさん」「桃太郎」の人形。作り方と演じ方は、**『またまたパネルシアターであそぼ』**（関 稚子 著、大東出版社）を参考にします。
b ⑧**『切り紙 もんきりあそび』**の紋を何種類か作り、色紙にはります。
c 日本国土白地図を二組。一枚は本州と、沖縄を別にします。もう一枚は、日本全土と島々がすべて収まるようにします。
d cの地図に重ねる三角形を画用紙で作ります。

導入

「パネル寄席　日本昔話」のはじまりはじまり（aを使い、「はなかじいさん」「こぶとりじいさん」「桃太郎」のパネルシアターをします）。

【演じ方の例】

むかしむかし、おじいさんと犬のポチが仲良く暮らしていました（おじいさんとポチをはります）。

ポチが、「ここ掘れワンワン」「ここ掘れワンワン」。すると、大判小判がざーくざーくまたまた、大判小判ざーくざく。ところが、今日のポチはちっとも鳴きません。「ポチやポチや」と、おじいさんがいくら言っても知らん顔。怒ったおじいさんは、ポチを振り回しました。（ポチが振り回されているものをはります）。

思わず、ポチは叫びました。「え～い、はなさんか、はなさんか、じいさん！　はなさんか、じいさん！　はなさんかじいさん！」。（話に合わせて、「はなさかじいさん」の「さ」と「か」の間に「ん」を入れて）「はい、これで『はなさんかじいさん』のお話はおしまいです」（と言って深く頭を下げます。演じる人はあくまでポーカーフェイスで行うことがポイント。ほかの二本も続けて同様に行います）

こうした落語は江戸時代に上方を中心に発達した芸能で、当初は「オトシバナシ」といわれていましたが、明治のころから「落語」と呼ばれるようになりました。落語は若い人にも人気があり、大学には「落語研究会」、略して「オチケン」という同好会があります。

（① **『オチケン！』を見せて**）この物語の主人公は「おちけんいち」という名前で、縮めるとそう、「オチケン」です。この名前のおかげで、彼は大学のオチケンに入るはめになります。そこには変わり者の先輩二人が待っていました。オチケンを含めた三人は、大学の校内で起きた奇妙な事件を落語で次々に解決していきます。

江戸時代、落語は庶民の楽しみでしたが、人形浄瑠璃もまた人々の娯楽の一つでした。それまで「人形浄瑠璃」と呼ばれていたものは、大正のころから「文楽」と言われるようになりました。「文楽」

①

『オチケン！』
大倉崇裕 著
ＰＨＰ研究所 刊　2011年

は義太夫を語る「太夫」、三味線を弾く「三味線」、人形を操る「人形」の三者で組みます。太夫、人形、三味線、それぞれを扱う人間が一体となり舞台を創りあげる、まさに「あうん」の世界です。そしてこれらはすべて、男性のみで行われます。人形の中には、なまめかしいものも登場するのですが、その色香のある動きも男の人が操っているのです。

この文楽に心ひかれた人が「三浦しをん」さんです。知っていますか？　二〇一二年の本屋大賞を受賞した作家です。本屋大賞とは、本に精通した書店員たちがその年に出版された本の中から、自分たちが最も気に入ったもの、おすすめしたいものを選んで賞を贈るものです。より読者の目線に立った選定に定評があり、読んでみたいと思う作品がたくさん見つかりますよ。

さて、そんな賞を受賞した三浦しをんさんの作品の中に、文楽の太夫を仕事にしている青年が登場するものがあります。②『**仏果を得ず**』を見せて）これは、現代のお話です。主人公の青年・健は、文楽のお師匠さんに三味線の兎一郎兄さんと組むように言

美術

②

『仏果を得ず』
三浦しをん 著
双葉社 刊　2007年

われるのですが、この兎一郎がなかなかの個性派で、稽古をしたくても相手にしてくれなかったり意思の疎通が図れなかったりと、健はさんざん苦労させられます。さっきも話したように、文楽は大夫と三味線の息が合わければ観客に感動を与える舞台にはなりません。それでも健は何とか兎一郎と親しくなろうとしますが、相手はなかなか手ごわいのです。そんなある日、健は文楽の指導教室に通う小学生の少女ミラちゃんから、「健せんせが好きや」と告白されます。さてこの後、健とミラちゃんはどうなるのでしょう。何より、兎一郎兄さんとうまく組むことができるのでしょうか。

三浦しをんさんは文楽好きが高じて入門書も書いています（***『あやつられ文楽鑑賞』を見せます**）。こちらも参考にすると、より物語がおもしろく感じられますよ。

さて、江戸時代の文化の代表としてほかに思い浮かぶものはありませんか？（答えを待って）そうです、世界に誇る「浮世絵」です（**③『うごく浮世絵!?』を出して、三ページほど実際に絵を動かします**）。遠くの人は見えにくいでしょう？後で回しますか

＊参考

『あやつられ文楽鑑賞』
三浦しをん 著
ポプラ社 刊　2007年

ら、手に取って絵を動かして見てください。付属の紙を使うと、不思議不思議、浮世絵が動き出しますよ**（すぐに回すと後のブックトークに集中できなくなるので、終了後に回覧します）**。

この時代、みなさんくらいの年齢の人々はどんな生活をしていたのでしょう。次に紹介する本は一二歳の少女が主人公のお話です**（④『待ってる　橘屋草子』を見せます）**。今、みなさんぐらいの世代に人気の作家あさのあつこさんの作品です。主人公のおふくは一二歳で橘屋という料理茶屋に奉公に出されます。そのおふくが、仲居頭に仕込まれながらたくましく成長していく姿が描かれています。この作品は橘屋を舞台に七つの短編がつながって一つの大きな物語になっていますが、それぞれのお話に江戸時代の庶民、特に女性たちの日々の苦労や喜び、恋愛が描かれていて、先へ先へと読み進めたくなる内容です。

この本には、私たちが今では使わなくなった言葉もたくさん出てきます。たとえば、「出職《でしょく》」「日傭取《ひようと》り」「棒手振《ぼてふり》」「根付師」「経師職人」。国語辞書で引くと、仕事の内容や意味が載っているので、

③

『うごく浮世絵⁉』
よぐち たかお 作
アーサー・ビナード 英文
福音館書店 刊　2005年

④

『待ってる 橘屋草子』
あさのあつこ 著
講談社 刊　2009年

分からない人は調べてみましょう。ほかにも「初霜月」「朧《おぼろ》」などの日本ならではの表現が出ており、そうした言葉を拾うと知識も深まります。

そしてもう一つ魅力的なのが、私たちの知らない「和の色」が出てくるところです。きっと「これはどんな色?」と思いますよ。「撫子色」「雀色」「納戸色」。「納戸色」ってどんな色を想像しますか? **(答えを待ちます。茶色と答える人が多いので、それを受けて)** 私も茶色を想像しました。でも実は、こんな色なのです **(⑤『定本和の色事典』の二一四ページを見せます)**。⑤は古くから日本にある色を集めた事典です。(二一五ページを開いて)「茅《かや》色」は「『万葉集』の時代から日本人の身近にあった」とあります。(二七ページを開いて)「源氏鼠《ねず》」は「『源氏物語』の光源氏の優雅さをイメージさせる、江戸時代の創作色名」だそうですよ。色にも歴史が感じられますね。

「こんな和の色でできた日本の伝統的な装束って、どんなものだったのだろう」と興味が湧きませんか? そんな時におすすめなの

⑤

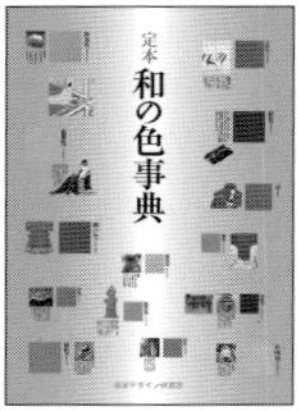

『定本 和の色事典』
内田広由紀 著
視覚デザイン研究所 刊
2008年

が、ずばり、⑥**『素晴らしい装束の世界』**です。（四〜一三ページまでを簡単に説明し）こうやって染めて、織って、縫っていくのですね。刺繍をするのも筆で図柄を描くのも、紐を組むのも、日本独特の細かな作業です。（七三ページを開いて）これはみなさんもよく知る十二単です。荘厳ないでたちですよね。

十二単ほど豪華でなくても、日本人にとって着物は魅力的です。最近では着物をアレンジしたファッショナブルな服装も増えています。現代の若者たちまでとりこにする着物には、どんな文様があるのでしょう？　私は「扇面文様」「御所車」などの柄が好きですが、みなさんはどうですか？　⑦**『きもの文様図鑑』**には本当に素敵な文様がたくさん載っているので、お気に入りを探してみるといいですよ（女子生徒は興味を持ち続けてくれますが、この辺りで男子生徒は飽きてくるのでテンポよく上手に進めるのがコツです）。

さて、みなさんも見たことがあると思いますが、着物には紋が入ったものもありますね。一見して複雑そうなあの紋も、簡単に

⑥

『素晴らしい装束の世界
いまに生きる千年のファッション』
八條忠基 著　森脇章彦 写真
ＳＨＯＫＯ 絵
誠文堂新光社 刊　2005年

⑦

『明治・大正・昭和に見る
きもの文様図鑑』
長崎 巌 監修
弓岡勝美 編
平凡社 刊　2005年

美術

手作りできるんです（bを見せます。実物があると、飽き始めていた生徒も再び興味を示します）。不器用な私でもすぐにできたので、挑戦してみてください。⑧『**切り紙　もんきりあそび**』という本に載っています。きっと、江戸時代の人たちもこんなことをして遊んだのでしょうね。

これまで日本の伝統文化や人々の生活を見てきましたが、最後に日本という国、そのものを見てみましょう。（**黒板にcの沖縄をのぞいたものをはって**）何が足りませんか？（**すぐに沖縄と答えてくれるので**）そう、沖縄ですね（と言って、**沖縄をはります**）。でも、それだけではありません。実は、日本の国土はこんなに広いのです（**もう一枚のcを出してはります**）。

これをよーく見ると、何かの形に見えてきませんか？（なかなか**答えが出ないので、正解がない場合は**）三角なのです。ほら（**後からはったcの上にdを重ねてみせます**）。これを発見したのは私ではありません。この⑨『**サンカクノニホン**』で知ったのです。少し読みましょう。（「あ、サンカク！」～「ふぅ、かけた。」まで

⑧

『切り紙　もんきりあそび』
下中菜穂 著
宝島社 刊　2007年

⑨

『サンカクノニホン
6852の日本島物語』
伊勢華子 写真・文
ポプラ社 刊　2009年

を読みます。続けて、「サンカクの三つの角ちかくの島」の見開き写真をそれぞれ紹介して）同じ一月なのに、場所によってこんなに情景が違うのですね。（「仁右衛門島」のページを開き）この島は「仁右衛門島」といって個人の島だそうです（本文を読みます。続けて最後のページの「サンカクノニホン、6852の島」～終わりまでを読みます）。

東西南北に広く伸びた日本。だからこそ、それぞれの場所に異なる文化や築かれてきた伝統があるのでしょう。先ほどの文章の中に、「きみのいるところは、どんなところ?」とありましたね。あらためて聞かれると、考えてしまいます。まずはみなさんが住んでいる場所やそこに残る文化を見直し、そこから各地の、そして日本古来の伝統文化にも目を向けてみませんか?

名画に触れてみよう

〈対象〉 美術部

〈ねらい〉 夏休み中に美術部の活動の一環として行いました。生徒が世界の名画に興味を持ち、美術に関する視野を広げ、今後の制作の参考になればとの願いを込めました。対象をクラスに変えたり、冊数を減らしたりして行うこともできます。

〈時間〉 三〇分

〈場所〉 図書館または美術室

〈用意するもの〉 a **『増田裕子のミュージックパネル』**（増田裕子 著、クレヨンハウス）から「ふしぎなたまご」をパネルシアターにします。

導入

ａを使ってパネルシアターをします。

一口に「たまご」といっても水玉や台形など柄や形が様々で、中から出てくるのもユニークなものばかりでしたね。今日のブックトークは「名画に触れてみよう」です。絵は「生み出される」という言葉で表現されます。たくさんの名画に触れれば、きっとみなさんの創作意欲も高まると思いますよ。

最初に紹介する本は、パネルに負けないくらいおもしろい本です。ぞうのババールって知っていますか？　あのババールが、なんと美術館を造りました（①**『ババールの美術館』を全文読みます**）。ババールが手がけた美術館は外国の実在する美術館のようですし、展示してある作品もどこかで見たことのあるものばかり。中でも印象的なのは、「ヴィーナスの誕生」です（**二六・二七ページを見せます**）。でも、みなさんは実際の絵がどんなものだったか思い出せますか？

---

①

『ババールの美術館』
ロラン・ド・ブリュノフ さく
せなあいこ やく
評論社 刊　2005年

本物を見てみましょう。（②『**見てごらん！名画だよ**』を出し、三八ページを開いて）これが本当の「ヴィーナスの誕生」です。解説を読んでみますよ（三九ページを、下の小さい字も含めてすべて読みます）。このほかにも①の中にあった絵が載っています。それぞれの本を見比べてみましょう（①の三〇ページと②の四七ページ、①の二五ページと②の七七ページをそれぞれ交互に見せます）。ババールのぞうの絵もユニークですが、やっぱりもともとの絵は細部まで描きこまれていて、絵自体に深みを感じますね。色彩もずっと豊かです。

今の最後の「アルノルフィーニ夫妻像」は③『**美術館へようこそ**』にも載っています。（二四ページを読んで）この本のおもしろい点は、その絵がどうやって描かれているのかという技術的なことまで教えてくれているところです。また、夫妻の後ろには小さな鏡がありますが、この鏡の中に一体何が描かれているのかが分かるように、鏡の部分だけを抜き出して拡大した絵もあります。これにより、鏡の中には驚くほど細かい絵が描き込まれていることが

②

直観こども美術館
『見てごらん！名画だよ』
マリー・セリエ 文　結城昌子 監訳
西村書店 刊　2007年

③

『美術館へようこそ
画材から表現まで』
ジョイ・リチャードソン 著
潮江宏三 日本語版監修
岩坂 彰 訳
ＢＬ出版 刊　1999年

見て取れます。

（一二ページを読み）絵を科学的に分析すると、もっといろいろなことがはっきりするようです。X線や赤外線写真を使って、実際には見えない部分を見ることもできます。この美しい女の人の絵の下のキャンバスには、男の人が描かれていたというように。また、ここにある手は、先ほど見た「アルノルフィーニ夫妻像」の夫の手です。何度もデッサンを重ねた末にたどり着いたのが、この形だったのですね。

③では鏡の中に描かれた細かい部分を拡大して見せてくれましたが、④**『子供の美術館』**ではこのように見落としてしまいそうなところに光を当てて、私たちに新たな絵を見せてくれています。（三二ページを開いて）例えばこのモネの絵。パッと見た時、木漏れ日の中にいる子どもにはあまり目がいきません。でも、こうして取り出して説明を読んでからまた全体の絵に戻ると、今度は子どもがとても存在感を持って映ってきます。私たちは絵を全体像としてとらえますが、この本は絵をパーツごとに切り取り、細か

④

『子供の美術館』
カロリーヌ・デノエット 著
諸川春樹 訳・解説
カワイ出版 刊　2004年

いところまで見る楽しみを教えてくれるのです。ほかの絵でもその練習をしてみましょう（**六、五六、七四ページを開いて説明します**）。

さあ、名画をたっぷり楽しんだところで、次は画家にスポットを当ててみたいと思います。最初に紹介するのは、かの有名なレオナルド・ダ・ヴィンチ。⑤**『ジョコンダ夫人の肖像』**はレオナルドとその徒弟のサライという少年の物語です。レオナルドと師弟関係になる前、サライは実はこそ泥で浮浪児でした。浮浪児でこそなくなったサライですが、こそ泥ぶりはそれからも続いたのです。プロローグを読みます（**七〜九ページの最後まで読みます**）。そんなサライを、レオナルドはなぜ生涯そばに置いたのでしょうか？　そして、「ジョコンダ夫人の肖像」って何なのでしょうか？

本を広げるとすぐにこの絵が載っているので簡単に想像できるでしょう。世界でもっとも有名な、あの「モナ・リザの微笑」のことなんです。なぜレオナルドはこの絵を描いたのか、モデルとなったのはどんな女性だったのか、謎の答えは本の中に詰まって

⑤（現在品切れ）

『ジョコンダ夫人の肖像』
E・L・カニグズバーグ 作
松永ふみ子 訳
岩波書店 刊　1975年

います。

さて次は、ゴッホと弟テオの物語⑥**『にいさん』**です。絵本ですが、テオのゴッホに対する深い愛情と芸術家のゴッホの苦しみが、読んでいる私たちにも十分に伝わってきます。作者のいせひでこさんの絵が、またすばらしいのです。ゴッホの研究をライフワークとしてきたいせひでこさんは、その集大成ともいえるこの絵本を仕上げるために長い旅に出て、あらためてゴッホの足取りを追いかけました（**あとがきの最後六行を読みます**）。

残念ながら今日は紹介できませんが、もし、この絵本を読んでもっとゴッホのことが知りたいと思ったら、先ほどのあとがきにも書かれていた**『ふたりのゴッホ』**（新潮社）を読んでみることをおすすめしますよ。

今日は名画に触れたり有名な画家に出会ったりしました。でも芸術を難しく考えすぎないで、最初の一歩はこんなことから始めてみてもいいのかもしれません。⑦**『てん』『っぽい』を二冊一緒に見せます**）。「てん」だけで描く絵、「それっぽい」絵、それで

⑥

『にいさん』
いせ ひでこ 作
偕成社 刊　2008年

⑦
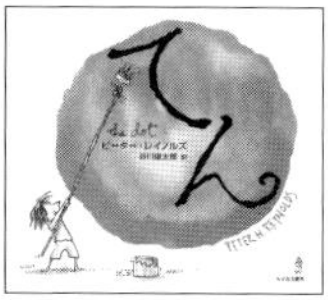

『てん』
ピーター・レイノルズ 作
谷川俊太郎 訳
あすなろ書房 刊　2004年

『っぽい』
ピーター・レイノルズ ぶん・え
なかがわ ちひろ やく
主婦の友社 刊　2009年

立派な絵描きさんですよ。
（⑧『ダニエルのふしぎな絵』を見せながら）次に紹介する本の主人公の女の子ダニエルは、みんなと同じ景色を見ているはずがどうしても空想の世界に入ってしまい、目に映るとおりの景色ではなく自分の世界を描いてしまうのです。そんなわけで、写真家のお父さんからは「目に見えるとおりにかけないなら、写真にしたほうがいい」と言われてしまいます。ダニエルには、この風景がこんなふうに見えてしまうようなのです**（最初の町の風景を二枚続けて見せます）**。でも、想像力があって、独創的な絵だと思いませんか。そんなある日、お父さんが熱を出して寝込んでしまいます。さて、ダニエルはこの後どうするのでしょう？

　最後に**⑨「子どものためのアートブック　その一・その二」**を紹介しましょう。**その一**には②で紹介した「アルノルフィーニ夫妻像」**（七四ページを開きます）**があります。題名は「見せびらかしているの？」とつけられています。**（一四ページを開き）**「モナ・リザ」もあります。こちらは「なぞ」とありますよ。この題名の意味は、

⑧

『ダニエルのふしぎな絵』
バーバラ・マクリントック 作
福本友美子 訳
ほるぷ出版 刊　2005年

⑨

「子どものためのアートブック
その一・その二」
ファイドン 刊　2006 ～ 2007年

それぞれのページに書かれています。この本では、それぞれの絵はどのように解釈されているのでしょうか。これまでの本よりも色彩が鮮やかに感じませんか？　表紙からも感じるように、本それ自体もアーティスティックな仕上がりですよね。

同じ名画でも見方や解説はいろいろでした。もしかしたら、みなさんも一人ひとりまったく違う見方をしているのかもしれませんね。友だち同士でそんな話をしてみるのもおもしろいと思いますよ。

★★

骨・ホネ・ほね

〈対象〉三年生

〈ねらい〉栄養士さんから、大人の体に近づいていく三年生に骨の大切さを教えたい、と依頼を受けました。最初にブックトークを行い、その後、栄養士さんが専門的な話をするという計画です。

〈時間〉三〇分

〈場所〉図書館

〈用意するもの〉a　骸骨型に切った紙にテーマを書きます。
b　①『**ホネホネたんけんたい**』から、ウサギ・リス・キツネ・ワシミミズクの四種類の骨を拡大コピーして色模造紙に貼り、下にいくつかの動物の名前を書いておきます。
※bには出版社の許諾が必要です。詳しくは一六七ページを参照してください。

みなさんの体をシャキッとさせているものって、何だと思いますか？（答えを待って）そうです、骨ですね。今日は、「骨・ホネ・ほね」というブックトークをします（aを黒板に磁石ではりつけます）。

（bをパネルシアターの舞台にテープでとめ、見えないように舞台の裏側へまくって隠し、クイズの時に、生徒がいる方へぱっとまくり返します）最初はクイズからです。これは誰の骨か、分かりますか？ どの動物がどの骨か当ててください。下の動物のどれかですよ（生徒の答えを待ってから正解を言います）。

今のクイズは、この本①から出したものです。ちょっと中身を見てみましょう。みなさんは、ヘビはどこまでが胴体で、どこからがしっぽだか分かりますか？ 実は、ヘビにもちゃんと胴体としっぽがあるそうです（二ページを読みます。後はぱらぱらめくりながら三二ページまでいきます）。この本は、巻末にあるイラスト入りの解説ページ「ホネ研究室」も充実しています。せっかくなので、のぞいてみましょう。（三五ページを開き）骨には四

①

『ホネホネたんけんたい』
西澤真樹子 監修・解説
大西成明 しゃしん
松田素子 ぶん
アリス館 刊　2008年

つの仕事があるそうです。読んでみますね（「ホネは柱！」「ホネは工場!!」「ホネはいれもの！」「ホネはちょきんばこ！」を読みます）。ここにある「ホネのつくり」と「ホネはそだつ」については、後で栄養士さんが詳しくお話をしてくれますから今は読みません。言葉だけ頭の隅に入れておくと、話が分かりやすくなりますよ。

こんな楽しい本に二冊目が出ました。それが、②**『ホネホネどうぶつえん』**です（「ゾウ」「コウモリ」「キリン」のページを読みます。特に、「キリン」は⑥**『骨から見る生物の進化』**にも登場するので、**ここで紹介しておくといいでしょう**）。

図書館には、この二冊をペーパークラフトで作成した、芸術品さながらの絵本もあります。（③**『ホネホネ絵本』**を見せ、冒頭から「さて、腕まえは？」のページまでを読みます。その後、ヘビの骨が載ったページを開き）さっき①で話題になったヘビも、こんなによくできています。写真で見るよりも、ずっとリアルですね。

次に見る骨は……（ちょっと間をあけて）、人間の骨です（「組み立てられるかな？」のページを見せて読みます）。さっそく、こ

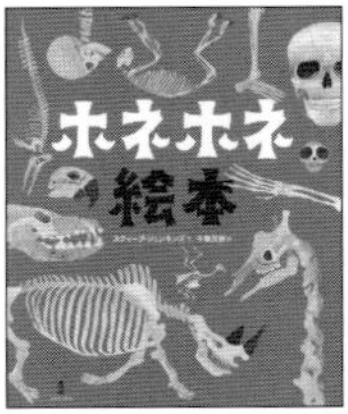

③
『ホネホネ絵本』
スティーブ・ジェンキンズ 作
千葉茂樹 訳
あすなろ書房 刊
2010年

②
『ホネホネどうぶつえん』
西澤真樹子 監修・解説
大西成明 しゃしん
松田素子 ぶん
アリス館 刊　2009年

れを組み立ててみましょう。どうなるかな？（同ページの折り込み**部分を開いて**）ほら、「人の骨格」が完成しました！　これはどこを開いてもおもしろくて、何度でも楽しめる絵本です。席に座って一人で遠くから見ているより、大勢でわいわいと本を囲む方がいいですよ。後でゆっくり見てくださいね。

さて、まだまだ物足りないというつわもののために、もう少し専門的な本も紹介します。（④『**骨のやくわり**』を出して、**四・五ページを見せながら**）ここにも人間の体は「206個の骨からできている」と書かれています。これまでの本には、前姿の骸骨しかありませんでしたが、ここには後姿も載っています。後姿はこんな形をしているのですね。背骨や肩甲骨の様子もよくわかります。

さらに、この図には骨の名前も記されています。私たちは「ずがいこつ」と呼んでいますが、ここには「とうがいこつ」と書いてあります。（**ここが○○、ここが○○、と図を指しながら名称を読み上げて**）骨の仕組みが見えてきましたね。

でももっと根本的なこと、骨が何からできているのか、考えた

④

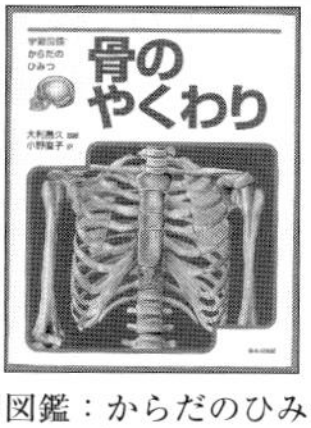

学習図鑑：からだのひみつ
『骨のやくわり』
大利昌久 監修
小野直子 訳
ほるぷ出版 刊　1997年

家庭科

ことはありますか？**（返事を待ちます。**「カルシウムのかたまり」という答えが多いので、**それを受けて）**では、答えを読んでみましょう**（六ページを読みます）**。ただのカルシウムのかたまりではありませんね。体をシャキッと立たせているだけのものでもないようです。この本にはほかにも骨の役割、骨と運動の関係などの詳しい説明があります。

「内容はこのくらい詳しく知りたい、でも、こんなに難しくないものを気楽に読みたい」という人におすすめなのが、⑤『**まんが驚異の小宇宙 人体③**』。この本は、みなさんの好きな漫画ですが、科学書でもあります。**（八ページを開き）**ここにも「206本の骨」とあります。さっきまでは「206個」の骨でしたね。みなさんは、ホネを本（ほん）と数えますか？ 個（こ）と数えますか？ どうやら、どちらも正解のようです。「206」という数字が大切なのですね。さっき少し紹介した「骨は何からできているか」、難しくてわからなかったという人のために、もう一度読みましょう**（四二～五九ページの主なセリフを読みます）**。「骨ってすごーい！」と思いま

⑤

愛蔵版
『まんが驚異の小宇宙 人体
③骨・筋肉／免疫』
ひきの真二 まんが
江口吾朗 監修
小学館 刊　2004年・改訂版

すよね。私たちが生きるために、いかに骨が緻密にできているかが、今度はしっかり理解できました。このことも、栄養士さんが伝えたいことの一つなのかもしれません。

　これで基礎知識は十分ですね。それでは、もう少し角度を変えて骨を見てみましょう。⑥**『骨から見る生物の進化』**は題名からして、今までの本とは違います。こだわりのある写真、それも白黒写真がふんだんに載っています。目次を見てください。これだけでも、引きつけられませんか？　私が興味を引かれて読んだ章は第三章です**（第三章の目次を全部読みます）**。どれもユニークでしょう？　特に、「『赤の女王』って何？」って思いませんか？　これは**『鏡の国のアリス』**から出てきた言葉なのです。骨の話が『アリス』につながるとは驚きですよね。

　さらに、「いちばん有名な首」って？**（一一七ページを広げて）**これは想像がつきますね。キリンの首です。②でも読みましたが、人間とキリンの首の骨の数は同じでしたね。それなのに、キリンの首はなぜこんなに長いのでしょう？　そのわけを知りたい人は、

『骨から見る生物の進化』
ジャン＝バティスト・ド・パナフィユー 著
パトリック・グリ 写真
グザヴィエ・バラル 編
フランス国立自然史博物館
小畠郁生 監訳　吉田春美 訳
河出書房新社 刊　2008年

⑥

ぜひ続きを読んでみてください。
「死の前の愛」も気になるところです。（一二五ページの牙を指さしながら）、この牙はとても長くてくるりと曲がっています。これは、「セレベス島特産のイノシシ、バビルーサ」の頭蓋骨です。聞いたことある？　バビルーサは「ブタ＋シカ」という意味だそうです。それにしても、どうしてこんなに曲がっているのでしょう。本の題名のとおり、骨からその動物の進化が想像できるのですよ。読んでいると、自然の力に感心する一冊です。難しい本は、全部読む必要はありません。このように自分の読みたいところだけ読むのも、楽しい読書法ですよ。

　最後に一つ、短いお話を語って終わりにします（⑦**『ちっちゃな ちっちゃな ものがたり』**をストーリーテリングします。読み聞かせでもいいでしょう）。生き物の体で最後に残るのは骨だけというところがいい、と栄養士さんがとっても気に入ってくれたお話でした。

⑦（現在品切れ）

『ちっちゃな ちっちゃな ものがたり』
ジェイコブズのイギリス昔話集より
瀬田貞二 訳　瀬川康男 絵
福音館書店 刊　1995年

ひといき

本を使って授業をサポート！

家庭科

ブックトークの後、栄養士さんから丈夫な骨をつくるためにはどうしたらいいか、という話がありました。「カルシウムだけたくさんとればいいというわけではなく、そのほかにも重要なポイントがある」という言葉に生徒たちは興味津々。そのポイントはこんなことでした。

①カルシウムは積極的にとる
②ビタミンDを十分にとる
③リンのとりすぎに要注意
④体を動かし、よく眠る
⑤日光に当たる
⑥成長期の無理なダイエットや欠食は禁物！

この途中、④『骨のやくわり』の14・15ページを広げて生徒たちに見えるようにしました。栄養士さんにどんな内容の話をするのかを前もって聞いておき、関係するところに付箋《せん》をつけるなどして準備すると効果的です。

テーマを骨の形に。

クラシック音楽を散歩しよう

〈対象〉　二年生

〈ねらい〉　ハイドンの「別れのシンフォニー」鑑賞をするに当たり、まずは生徒たちに作曲家がどのような気持ちで曲を作ったのかを理解させ、その後にＣＤを聴きました。これをきっかけに、クラシック音楽に興味を持ってもらいたいという教科担当の願いから生まれたブックトークです。

〈時間〉　五〇分（音楽鑑賞を含めて）

〈場所〉　図書館（ＣＤは音楽科で用意してもらいます）

導入

（①『「告別」交響曲』を読み聞かせします。第一楽章の終わりまで来たら第一楽章曲を聴きます。同様に読み聞かせと音楽鑑賞を交互に行い、最後に教科担当から曲の説明をしてもらいます）

お話を聞いた後で曲を聴くと、みなさんにも作曲家の思いが伝わったのではありませんか？　今、読んだ本は四冊シリーズのうちの一冊です。図書館には残りの本もそろっていますから、一緒に展示しておきますね。

さて、「ハイドンという名前は知っているけれど、クラシックはよくわからない」という人は多いのではないかと思います。そこでまずはクラシックの知識を広げるところから始めましょう。②**『知識ゼロからのクラシック入門』**は、テレビでも活躍しているバイオリニストの高嶋ちさ子さんが書いた本です。（三八ページを開き）先ほど聴いたハイドンは「『交響曲の父』とも呼ばれ、古典派以降の交響曲の形式を完成させ、自身でも１０４曲もの交響曲を

①

音楽の部屋
『「告別」交響曲
ハイドン 別れのシンフォニー』
アンナ・H・セレンザ 文
ジョーアン・E・キッチェル 絵
藤原千鶴子 訳
評論社 刊　2009年

②

『知識ゼロからの
クラシック入門』
高嶋ちさ子 著
幻冬舎 刊　2005年

音楽

書いた」のだそうです。また、「交響曲は『走る・歩く・踊る・走る』でできている」（三九ページの一行目）とあり、走るような速いテンポで始まり、次第に歩くようにゆったりとしたテンポになり、最後に華麗で早いテンポに戻る、こんな形式からなっているのですね。この形を知っていると、次に交響曲を聴いた時に、「ああ、あれはこういうことか」と納得できることでしょう。とっつきにくいと思っているクラシックを、少し身近に感じることができるかもしれません。

また、ハイドンはなかなかのアイデアマンでもあったそうです。（目次を見せて）ハイドンの名は「古典派の音楽」の中にありますね。同じ項目にはモーツァルトやベートーヴェンなどのおなじみの名前があります。音楽のくくりはそれ以前になると「バロック」に、それ以後は「ロマン派」、最後は「20世紀の音楽」と続きます。どの作曲家も見開き二ページに生い立ちや作品についての説明が簡潔に記され、楽しいイラストが満載でまさに入門書にはぴったりです。

（②の四六・四七ページを見せて）この本でも楽器やオーケストラについて触れられていますが、もっとわかりやすく書かれている本も紹介しましょう。世界にその名をとどろかせる指揮者クラウディオ・アバドが書いた③**『アバドのたのしい音楽会』**です。前半には自身の少年時代のことが書かれているのですが、その中で、父親の教えについて語っている場面があります（**一五ページを七行目まで読みます**）。「ほかのひとの言うことに耳を傾ける」という言葉は、音楽だけでなくすべてのことに必要ですね。（**二二ページからぱらぱらと見せながら**）後半ではいよいよオーケストラや楽器、さらに指揮者の役割について触れています。絵本を読む感覚でクラシックに触れることができます。

日本にも、世界的に有名なすばらしい指揮者がいます。「世界の小澤」と言われる小澤征爾さんです。図書館には、小澤さんと作家の村上春樹さんとの対談をまとめた本もあります。その名も、④**『小澤征爾さんと、音楽について話をする』**という題名ですよ。今回は詳しく紹介しませんが、気になった人は尋ねてくださいね。

③

『アバドのたのしい音楽会』
クラウディオ・アバド 文
パオロ・カルドニ 絵
石井 勇・末松多壽子 訳
評論社 刊　1989年

④
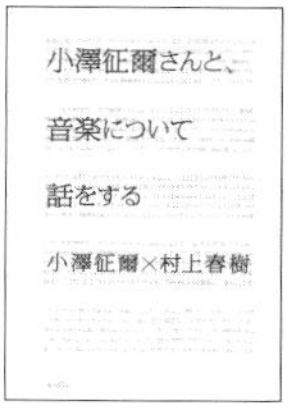

『小澤征爾さんと、
音楽について話をする』
小澤征爾×村上春樹 著
新潮社 刊　2011年

音楽

さて、③のアバドのお父さんは有名なバイオリニストでした。アバドはバイオリンの演奏を毎日聴いて育ったため、クラシックが大好きになりました。バイオリンというと、②にも載っていたビバルディの「四季」を思い浮かべる人が多いのではないでしょうか？　そこで自らもすぐれたバイオリニストであり、数多くの作曲を手掛けたビバルディについて二冊続けて紹介したいと思います。一冊目は、その名も⑤『**ビバルディ**』。この作曲家の一生を詳しく知ることができる伝記です。華々しく活躍した時代、一転して人気が低迷した苦しい時代、そしてトラブル続きの時代と波乱に満ちた人生でしたが、彼が残した曲は今でも私たちの気持ちを豊かにしてくれます。

この本の中に、「ピエタ」という慈善院と、その付属の音楽学校の名が出てきます。ビバルディはピエタのための曲もたくさん書いていています。そのピエタを舞台にした物語が、⑥『**ピエタ**』です。ここで孤児として育ったアンナとエミーリア。アンナは有能な音楽家となり、エミーリアはピエタの経営に携わります。この音楽

⑥

『ピエタ』
大島真寿美 著
ポプラ社 刊　2011年

⑤

伝記　世界の作曲家①
『ビバルディ』
パム・ブラウン 著
橘高弓枝 訳
偕成社 刊　1998年

学校で少女たちに音楽を教えていたのがビバルディです。物語はビバルディが亡くなった場面から始まります。ビバルディの一枚の楽譜を軸に彼と関わりのあった女性たちの思いや人生を重ね合わせてストーリーが構成されており、その中には⑤に出ている実在の女性も登場しています。ピエタの経営に力を尽くすエミーリアですが、ひょんなことから恩師のビバルディの秘密を知ることに。そこから物語はぐっと複雑になっていきます。登場する女性たちの様々な生き方も、物語の魅力の一つです。最後の文章がとてもきれいなので紹介します**（三三五ページ「ピエタでは」～最後まで読みます）**。

さて、ビバルディの「四季」のほかに私たちになじみのあるクラシックというと、どんな曲が浮かびますか？**（おそらく「運命」または「歓喜の歌」と答える生徒が多いので）**そうですね、ベートーヴェンの曲を挙げる人が多いですね。では、そのベートーヴェンってどんな人だったのでしょうか。みなさん、ベートーヴェンが耳に障害を持っていたことは知っていますね。「第九」を指揮した際、背中に受けた観衆の大喝采に気づかなかったというエピソードがあります。耳が聞こえないということは作曲家としては致命的。しかしながら、自殺まで考えたベートーヴェンを苦しみから救ったのもまた、音楽だったのです。⑦**『おはなし音楽会１ベートーヴェン』**は、題名に「おはなし音楽会」とあるとおり、ベートーヴェンの一生が物語を語るように描かれていて、一般的な伝記とは一味違います（**中身を見せます**）。挿絵の切り絵からは、その時々の情景や人々の表情が伝わってきて、まるで映像を見ているような感じがします。

この本もシリーズで出ており、図書館の分類の「7」のところに並んでいますから、ほかの作曲家たちの一生にも併せて触れてみてください。ＣＤもついているので、本と一緒に聴いてみると、いっそう理解が深まると思います。

最後に紹介するのは、人々の生き生きとした心の鼓動まで聞こえてきそうな絵本です。一九九五年に起きた阪神淡路大震災。この時、多くの人が大切なものを失いました。そんな絶望や喪失感

⑦

『おはなし音楽会１
ベートーヴェン』
博雅堂出版 刊
2009年

に襲われた人々に笑顔を取り戻させたのは、人々の奏でるチェロの音色でした（⑧『1000の風 1000のチェロ』を読みます）。

⑧

『1000の風 1000のチェロ』
いせ ひでこ 作
偕成社 刊　2000年

見てごらん

〈対象〉全校生徒と教諭

〈ねらい〉毎年恒例の人権強化月間の導入として、校長先生の講話とブックトークで全校生徒の意識を高めるために計画しました。ほかのものと比べて短いので「総合・学習」などのちょっとした時間でも行えます。

〈時間〉二〇分

〈場所〉体育館

最初に、①『**みんなおなじ　でも　みんなちがう**』を見てみましょう（「ヒマワリの種」「ウズラの卵」「カタツムリ」「ウメボシ」「モミジの葉」のページを読みます）。「みんなおなじ　でも　みんなちがう」。本当にそうですね。みんな同じようですが、一つひとつよく見てみると、それぞれに個性があります。

では、人間はどうでしょう。「みんなおなじ　でも　みんなちがう」のかな。②「**いのちのなぞ 上の巻・下の巻**」を出し、**下の巻**の二三ページを開いて）質問をします。「この世に、わたしは一人だけ？」（少し間を空けてから「その答えは」と言って、二四ページ全部と二五ページの「今のあなたをつくってきた、」の一文を読みます）。

今読んだ中に「遺伝子」という言葉が出てきました。遺伝子とは「生き物の設計図」だそうです。（**上の巻**の一〇九ページを開いて）では、次の質問です。「人の遺伝子は、どこにあるの？」（少し間を空けてから、同じように「その答えは」と言って、一一〇～一一二ページまでを読みます）。

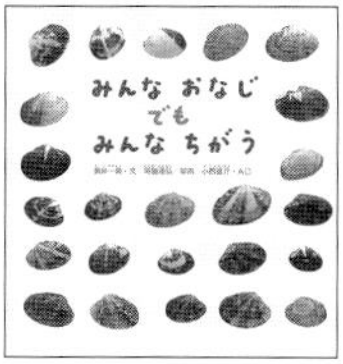

①
『みんなおなじ でも
みんなちがう』
奥井一満 文　得能通弘 写真
小西啓介 AD
福音館書店 刊　2007年

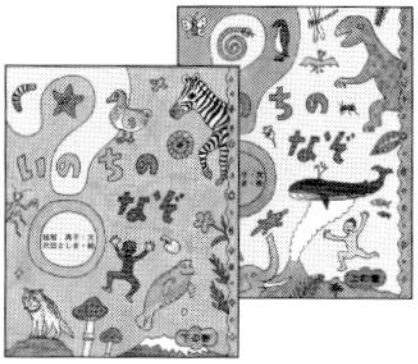

②
「いのちのなぞ 上の巻・下の巻」
越智典子 文
沢田としき 絵
朔北社 刊　2007年

ここには「細胞」という言葉が出てきました。**（上の巻の三九ページを開いて）**じゃあ、「細胞って、なあに？」。**（四〇ページの最初の三行と後ろ五行、四一ページを読みます）**。人間というものはとても個性的で一人ひとりがまったく別の生き物のようですね。誰もがたった一人の大切な「ひとり」。だからといって、自分が一番大切で一番かわいいと言い切れるでしょうか？　たった一人でも生きられますか？　この本にはこんなことも書いてあります。**（下の巻の五八・五九ページを読みます）**。最後のドードーはひとりぼっちになってしまって、生きていけなくなってしまったのでしょうか。

たった一人って、心細いし怖いですよね。この本のタイトルを見てください**（③『でも、わたし生きていくわ』を見せて、タイトルを読みます）**。主人公の少女は、ある日、突然の事故で両親を亡くしてしまいます。残された幼い姉弟三人は、それぞれ別々のおばさんやおじいさんの家に引き取られます。家族と引き離され、少女はひとりぼっちになってしまいました。でも、おばさんが自

その他

③

『でも、わたし生きていくわ』
コレット・ニース＝マズール 作
エステル・メーンス絵
柳田邦男 訳
文溪堂 刊　2009年

分を心から愛してくれていることを感じます。そして何でも話せる友だちにも巡り会います。ですから、たとえ家族が周りにいなくても少女は生きていくことができます。それは自分がひとりぼっちではないと知ったからです。少し読みますね（後ろから三ページ目の「ときどき、夜になると、」～最後のページまで全部読みます）。

少女は、こんなことを思いながら生きていきます。つらく悲しい思いをしても、前を向いてしっかり生きようとする人がいる一方、「生きたくても生きられない、その願いがかなわない人」もいます。（④『**生きようよ**』を見せて）そんな人に向けて、「寿命が尽きるまでは死なないで」という小児科医からの「いのち」のメッセージを紹介します。この中から、今日は「働くことについて」「人と人のつながり」というところのほんの一部を読みます（一六八ページの「どんな仕事でも、」～「仕事とはそういうものではないでしょうか。」まで、一七〇ページの「こんなことがありました。」～一七二ページの「臨んでくれたら、と思います。」までを読みます）。何かをする時、相手の立場になって行動することの大切さが

④

『生きようよ
死んじゃいけない人だから』
細谷亮太 著
岩崎書店 刊　2010年

その他

伝わってきましたね。

一方で、最近ではこんな悲しい現実もあることに驚きました。（一七二ページの続き～一七三ページを読みます）。人と人。互いに、相手を思い合って生きていきたいですね。

先ほどの本は「子どもは死んじゃいけない人だから、生きて」というテーマでしたが、次の作品は自ら死を選んだ先生のことが書かれています。コルチャック先生は、ユダヤ人の孤児とポーランド人の孤児の施設を作り、子どもたちの父親として惜しみなく愛を与えました。みなさんはナチスドイツがユダヤ人を迫害し、死に追いやったという事実を知っていますよね？ コルチャック先生はユダヤ人でした。そしてとうとう、彼と施設の子どもたちも貨車に乗せられトレブリンカへ連れて行かれる日が来てしまいました。トレブリンカはユダヤを殺すためのガス室がある場所です。最後だけ読みます（⑤『**子どものための コルチャック先生**』の二八ページの「8月6日の朝、」～二九ページの「これが人びとのみた、さいごの光景でした。」までを読みます）。きっとコルチャッ

⑤

『子どものための コルチャック先生』
井上文勝 文
ポプラ社 刊　2010年

ク先生の手は、最後まで子どもたちの手を握りしめていたことでしょう。

みなさんの手は今、何をしようとしていますか？　最後に紹介する本は、⑥**『てをみてごらん』**です（全文をゆっくりと読み聞かせします）。

⑥
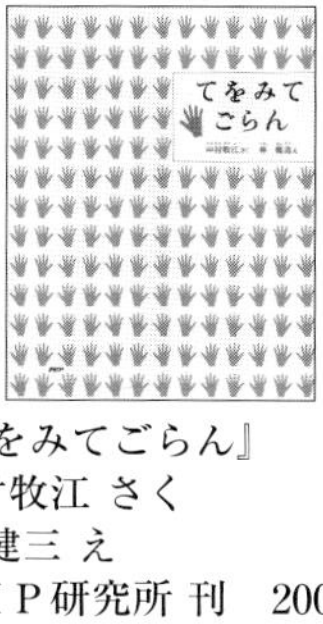

『てをみてごらん』
中村牧江 さく
林 健三 え
ＰＨＰ研究所 刊　2007年

少年少女の時ー友だちって？

〈対象〉　二年生

〈ねらい〉　学級担任から、「ほんとうの友だち」について考えられる本を紹介してほしいと依頼がありました。生徒が自分自身でその答えを見つけられるように、いろいろな立場の主人公が登場するもの、また話の内容がストレートすぎないものを選ぶように心がけました。

〈時間〉　四〇分

〈場所〉　教室

導入

（①『**あの子**』を読み聞かせします）今日は、友だちって何なのかを考えるブックトークをします。「少年少女の時―友だちって？」というテーマです。

今の絵本、最初はみんな笑っていましたが、途中から真剣に聞いてくれていましたね。もしかしたらみんなの中にも、思い当たる節があったのかもしれません。その人の本当の姿を知りもしないで、うわさ話を信じてしまうことってありますよね。反対に、うわさとは違う本当のその人を知り、とても好きになることだってあります（②『**あのときすきになったよ**』を読み聞かせします）。この②の二人は、これからはずっと仲良しでいられそうですね。何かのきっかけでお互いの関係が変わるということもよくあることです。

一方、友だちとは別の考えを正直に口にしたがために、仲間外れにされてしまうのは誰だって嫌でしょう。だから、なかなか自分の本心をさらけ出せない、という経験がある人もいるのではな

①

『あの子』
ひぐちともこ さく・え
解放出版社 刊　2000年

②

『あのときすきになったよ』
薫くみこ さく
飯野和好 え
教育画劇 刊　1998年

その他

いでしょうか。③**『仲間はずれなんて気にしない』**、このタイトルを見て、「えー、仲間外れにされて気にしないわけないよ」と、みなさんは思うでしょう。私も同感です。でも読んでみると、作者はこういうことを言いたかったのだなと分かります（七ページの**「『なかよしグループ』って、いったいなに？」**、一二〜二〇、二五ページを読みます）。こんなふうにいつもグループで行動していると、自分自身の本当の姿を見失ってしまうことってないでしょうか？（三一ページの**「見せかけのぼく」**を読んで）みなさんも、見せかけの状態で生活していませんか？

こんな質問がありますので、心の中で返事をしてみてください（三六、三八ページの質問を読みます）。「はい」が多かったでしょうか、それとも「いいえ」でしょうか？（と聞いた後、四〇、四二、四四ページを読みます）まずは、自分を好きになることが大切ですね。（四五ページの**「ほんとうのともだち」**を見せて）、ここから先には「ほんとうのともだち」ってどういう人のことか、どうやって作るのかが書かれています。ありのままの自分と向き合ってくれる友だ

③

トレボー・ロメイン こころの救急箱⑥
『仲間はずれなんて気にしない』
トレボー・ロメイン 著・イラスト
上田勢子・藤本惣平 訳
大月書店 刊　2002年

ちの探し方が分かる本です。

しかし時には、そんな大切な友だちと、永遠の別れをしなければならないことがあります。④『**僕らの事情。**』の主人公は、ネイサンとサイモンという二人の少年です。サイモンは筋ジストロフィーという不治の病にかかっています。でも二人は、ごく自然に友情を育んでいます。ロールプレイング・ゲームが好きで、少年らしく女の子にも興味津々、いつも冗談を言い合いながら毎日を楽しく過ごしています。サイモンは自分の病気のことを理解し受け入れているしっかり者です。下手に同情されると、めちゃくちゃに言い返すような負けん気の強い男の子です。それに対して、ネイサンはどこにでもいるような普通の少年で、「サイモンとは気が合うから、サイモンはいいやつだから友だちだ」と思っています。しかし、やがてそんな二人に別れの時が訪れます（二一七、二二〇ページの五行目～二二一ページの六行目までを読みます）。

生きる時間は少なかったけれど、サイモンはみんなの輪の中でもしっかりと存在感を示し、学校生活を心から楽しみ、満足した

④

『僕らの事情。』
デイヴィッド・ヒル 著
田中亜希子 訳
求龍堂 刊　2005年

生涯を送ることができました。それは、友だちが彼を特別扱いせず、「気が合うから友だちなんだ」と、ずっと思ってくれていたからではないでしょうか。

「ありがたくない親切」。サイモンは、そういうものが大嫌いでした。周囲の人々の中には、車椅子に乗っているサイモンにいらぬ同情を寄せる人もいたのです。サイモンでなくても、また車椅子に乗っていなくても、「ありがたくない親切が嫌だ」と思う人はいます。特に中学生という多感な時期のみなさんには、そう感じることが多くあるかもしれません。そんな時の心の支えとなるのが、

⑤**『みんなのノート』**。この本は、長年、現場で生徒たちと関わってきた養護教諭と、生まれつき障害を持つカウンセラーの二人が実際の中学生の声をまとめたもので、同世代の心の内に共感できる部分も多いのではないでしょうか。先日、図書館のおすすめコーナーに置いておいたところ、三年生の男子生徒が読んでいました。帰り際に、「これ全部、俺の思っていることだ」と言いながら帰っていきましたよ。それでは読んでみましょう（二八・二九、三三、

⑤

『みんなのノート
中学生の巻』
金子由美子・橋本早苗 著
大月書店 刊
2007年

四四・四五、八八・八九、一〇六・一〇七ページを読みます。これらは本校の生徒向けに選んだページですので、ご自分の学校の生徒に合った部分に変えてもいいと思います）。どうでしたか？「いろんな友達があってもいいじゃん」と、最後の言葉のように考えると気持ちがふっと楽になりますね。

確かに、友だちにもいろいろな個性の持ち主がいます。（⑥『**ビッグＴと呼んでくれ**』を見せて）この本の主人公は身長一八四センチメートル、体重一三五キログラムの高校生トロイ。トロイは自分のすべてに劣等感を持っています。何の希望もない生活に嫌気がさしていた時、伝説のパンクギタリスト・カートに、「おまえ、すげえドラマーになれるぜ、ビッグＴ！」と言われます。自分はただの笑われ者だと思っていたトロイは、それからドラムの練習に打ち込みます。様々な問題が浮上したり、ひょんなことから恐ろしい目にあったりと、ちっともいいことがないのですが、母親が死んで以来関係がぎくしゃくしていた父親や、肥満の兄を馬鹿にしてろくに口も利かなかった弟の本当の気持ちを知ることがで

⑥
『ビッグＴと呼んでくれ』
K. L. ゴーイング 著
浅尾敦則 訳
徳間書店 刊　2007年

その他

き、家族は信頼を取り戻していきます。また、いかにもパンク野郎っぽい格好をしたカートの友人オリーが、とても重要な役割を担っていることにも引きつけられます。ストーリーの最後では、カートとトロイが計画したライブが始まります。「さあ、やってやろう！」

ほかにもこんな気持ちを抱いている男の子がいます。⑦**『はみだしインディアンのホントにホントの物語』**に登場するインディアンの「俺」は、保留地で育ちました。体に少し障害がありますが、バスケットが得意で勉強もまあまあ好きです。ある日、そんな「俺」が、保留地を出て白人の通うエリート校へ行くことに。保留地の仲間、特に親友はそんな「俺」を裏切り者とみなしますが、「俺」はそんなことに負けてなんかいません。一見、気持ちが暗くなりそうな内容だと思われがちですが、底抜けに明るい作者の実体験に基づいた作品です。

作者の体験が練りこまれているものは、何もノンフィクションだけに限りません。次の本の作者は、徹底的な取材や研究を基にファンタジーを作り出しました。お話の舞台は今から六〇〇〇年

⑦

『はみだしインディアンの
ホントにホントの物語』
シャーマン・アレクシー 著
エレン・フォーニー 絵
さくまゆみこ 訳
小学館 刊　2010 年

前。トラクという少年が自分の出生の秘密を知り、親友とも呼べるオオカミの子とともに、邪悪な陰謀から人々を救う長い旅に出るのです。その旅は常に命の危険が伴うものでした。しかし、時に大きな喜びもあり、命の尊さや生きることの難しさが伝わる物語です。こんなに壮大なスケールのお話の「どの辺りが自らの体験なの？」と思う人もいると思いますが、それは「作者の言葉」を読めば分かるでしょう（⑧**『オオカミ族の少年』四二六～四二八ページ五行目までを読みます**）。これだけ長い本を読むのは大変ですが、トラクとオオカミが苦しみながらも成長する姿を描くこのシリーズは、今のみなさんにこそ読んでほしい一冊です。「でも、やっぱり長いのは苦手」という人に、最後にほっとするお話を読んで終わりにしたいと思います（⑨**『もういっかい おしゃべりさん』の四〇ページを見せて、「みぎあしと　ひだりあし」を読みます**）。

クラス全員が誰かに向かって、「あんたの　おかげや」と言えたら最高ですね。

⑨

『もういっかい おしゃべりさん』
さいとうしのぶ 作
リーブル 刊　2006年

⑧

クロニクル千古の闇１
『オオカミ族の少年』
ミシェル・ペイヴァー 作
さくま ゆみこ 訳　酒井駒子 画
評論社 刊　2005年

あとがき

中学校では、図書館を使って授業をすることはなかなか困難だと書きました。それでも、朝から本を借りに来てくれる生徒や休み時間を図書館で過ごす生徒がたくさんいる、司書にとってこれほど恵まれた場所はありません。日々成長する多感な時期の子どもたちを目の当たりにして、一冊でも多くの心に響く本と引き合わせるために司書として何ができるのかと考える毎日です。

そんな私に「この本、まだ読んでないでしょ？　おもしろかったから読んだほうがいいよ」と、新刊をすすめてくれる生徒たち。考えることに追われる私に、さらりと「本を知ることが一番大切だよ」と教えてくれます。司書は、多種多様な本の中から、目の前の生徒それぞれの心に寄り添える本を瞬時に手渡すことが求められます。こうした「一対一」のやりとりができる仕事は実に楽しく、そしてやりがいがあります。

しかし、図書館や司書に不慣れな生徒に、「一対一」の機会はめったにありません。ブックトークを行うことでこうした生徒はもちろん、先生も含めたその場を共有する全員（中学生特有のそっぽを向いている男子生徒と女子生徒）が、一冊の本を通じて笑い合ったり共感し合ったりできるのです。その温かな空気は図書館から教室に戻ってもクラス全体を包んでくれ、これを契機に、これまでまったく本を借りなかった生徒が図書館に足を運ぶようになるのです。生徒たちには、こんな体験をたくさんさせてあげたいと思います。

今回、日々のブックトークをまとめることができたことに感謝いたします。この本が、全国で頑張っておられる司書のみなさまの少しでもお役に立てば幸いです。辰野中学校の唐木秀樹校長先生をはじめとする先生方、支えてくださってありがとうございました。いつも手を差し伸べてくださる児童書専門店のみなさま、辰野図書館の司書の方々にもこの場を借りて心よりお礼申し上げます。そしてここまで気長に導いてくださった少年写真新聞社のみなさまに深謝いたします。最後に、たまらなくかわいい辰野中学校の生徒のみなさん、本当にありがとう。みなさんが大好きです！

上島陽子

	1学年	2学年	3学年	総合・道徳・委員会
10月	・音楽 「作曲家・作品について調べよう」 （～12月）	・美術 「日本の美」導入 「日本の文化を楽しもう」 ブックトーク ↓ 「日本の美術」レポート作成	・美術 「イサム・ノグチ」 「パブリックアート」	
11月	・国語 「故事成語」調べ学習	・国語 「扇の的」導入 ↓ 古典の学習		・人権週間（全校） 「人権」ブックトーク ・図書委員会 読書週間
12月	ＡＬＴの先生による英語の絵本の読み聞かせ ※年間を通して時間の余裕がある時	・家庭科 「幼児に絵本を贈ろう」 「絵本の見方・作り方」	・理科 個人レポート作成 （1人1テーマ）	・総合 （1年） 「職業調べ」 「夢を持って」ブックトーク
1月	・国語 「百人一首」発展学習	・国語 「漢詩の風景」 発展学習		・総合（2年） 修学旅行事前学習 寺社仏閣・古都の歴史 ・総合（1、2年） 百人一首大会
2月	・美術 「絵本の見方・楽しみ方」 ブックトーク ※可能な限り	・美術 「仏教美術」導入 仏像についての学習		・特別支援学級 音楽レポート（1人1テーマ） ↓ 3月の発表まで
3月				・雑誌バックナンバー配布

〈2012年度〉

◆図書館教育年間計画

本校では、朝読書の時間に図書館を訪問し、クラスごとに本の貸出、司書の読み聞かせ、個人読書を行っています。さらに、年間を通じて各教科と協働した図書館計画を進めています。

	1学年	2学年	3学年	総合・道徳・委員会
4月	・図書館オリエンテーション ・国語 「野原は歌う」 発展学習 詩集 ・理科 「植物の世界」図鑑で植物を調べる	・図書館オリエンテーション ・国語 「明日」発展学習 詩集	・図書館オリエンテーション ・英語 日本文化の紹介	・特別支援学級 「地域新聞作り」 （～7月）
5月	・国語 「大根は大きな根？」導入 （植物図鑑） 「ちょっと立ち止まって」導入 （トリックアート） ブックトーク	・国語 「枕草子」導入 （日本の古典）	・英語 「私の修学旅行」導入	・総合（3年） 「自分を見つめる」 ブックトーク
6月	・音楽 「音楽新聞」作成 ・国語 「本から情報を集める」 本のつくり、本ができるまで、調べ方について	・音楽 「音楽新聞」作成	・国語 「俳句の可能性」 発展学習	・総合（2年） 登山事前学習
7月	・社会 「地理新聞」作成	・社会 「歴史新聞」作成 ・理科 「原子・分子」ブックトーク	・美術 「イサム・ノグチ」 「パブリックアート」 ・社会 「戦争」ブックトーク	・図書委員会 読書週間 ・生徒会本部・委員会 文化祭準備など
8月	・国語 「大人になれなかった弟たちに…」 導入 ↓ 戦争についての学習 （第二次世界大戦時の日本）	・国語 「字のないはがき」 導入 ↓ 戦争についての学習	・社会 「人権」調べ学習 「アメリカ・公民権への道」ブックトーク	・美術部 「名画を楽しむ」 ※可能な限り ・学級 「高校調べ」 （1人2校をまとめる）
9月	・美術 「残された造形物」 鑑賞 ブックトーク ※可能な限り		・国語 「和歌」発展学習 万葉集、古今和歌集、新古今和歌集など	・特別支援学級 英語 「世界の地理新聞」作り

◆学年別図書館オリエンテーション

学習会用に作成した資料。オリエンテーションの内容を学年別にまとめ、会に参加した司書の方々に説明しました。

図書館オリエンテーション　学校図書館職員の会

平成２４年８月１日

1　辰野中学校のオリエンテーション

1,　　2年生

しおりの読み合わせ
- ・学校図書館の役割を知ってもらう
- ・学習、読書のどちらも使える場所であることを伝える
- ・館内案内
- ・分類について知る
  - →(パネルで楽しく説明)
- ・利用案内
  - →(図書委員会が全校向けにオリエンテーションで行うので、さらりと～)

1年　おたのしみミニミニお話会

2年　ブックトーク(谷川俊太郎の本を中心に詩の本を紹介)

全員貸出　オリエンテーションの際は必ず全員が借りることをする

↔その本を使い「図書の分類」プリントに挑戦します(時間があるだけ)

3年生

しおりの読み合わせ
- ・学校図書館の役割を知ってもらう
- ・学習、読書のどちらも使える場所であることを伝える
- ・館内案内
- ・調べ学習の方法について
  - →(理科などで一人１レポート作成があるので調べ方を知っておいてもらう)

全員貸出　オリエンテーションの際は必ず全員が借りることをする

ブックトーク（その年によって違いますが、今年は昨年の３．１１をとおして、『ひとが人として生きていくために』というテーマで行いました）

司書が伝えたかったこと

図書館は、いつでも誰でも自由に使える場所だということ

司書は学校全員が平等に使っていい職員であること(何年何組に属することはない)

日本十進分類法を覚えておくと、大人になってからも図書館が使いやすいこと

図書館は心を休めるためにだけ使ってもいいということ

昔ながら（アナログ)もいいものだ、と思ってもらうこと　（等々でした）

◆著作物の利用許可申請について

作品を別の形で使用する際には必ず許可を取りましょう。文化庁のサイトには著作権に関する様々な資料があります。

＜記入例＞

コピーOK

利用の際は必ず下記サイトを確認下さい。
www.bunka.go.jp/jiyuriyo

著作物利用許可申請書（兼・許諾書）

各出版社へファックスでお送りください。

21年 9月 3日

出版元名 (株)サンマーク出版

申請者（団体）名 辰野中学校 図書館 司書 上島陽子
申請者（団体）住所 長野県上伊那郡辰野町平出 1888
電話 0266.41.0181
ファックス 0266.41.0182

下記のように著作物を利用したく、申請いたします。

1. 利用したい著作物

作品名・書名（短編集などの場合）	さかさま絵本 まさか さかさま
作者（文・絵・訳）名	伊藤文人
出版社名	サンマーク出版

2. 利用形態（「原文のまま朗読」、「脚色してペープサートに」など具体的にお書きください。）

パネルシアターで
5枚程 中身紹介のために… 少し大きくして ほぼ原形で紹介
（ただ自分でまねをして描くので少し違うかもしれません）

3. 利用方法（該当する場合はお書きください。）

対象者人数（概数）	100人位	会場名	中学図書館内
主催者（申請者と違う場合はお書きください）	中学図書館（ブックトークで紹介する）		
無料（○）・有料（どちらかに○をお付けください。）		入場料等（有料の場合）	―
使用期間	数年	上演予定回数	1年に5回位

・上記の著作物利用については、著作権者に無許諾で使用できます。

・上記の著作物利用許可申請について、著作権者より回答がありました。

・許諾します。　・許諾しません。

但し、下記のことを条件とします。

年　月　日

出版社名
住所
電話　ファックス
担当者名

文化庁ホームページ
http://www.bunka.go.jp/

さ行

た行

な行

書名・作品名索引

あ行

か行

その他

は行

ま行

や・ら・わ行

さ行

た行

な行

人名索引

主な著者、画家、訳者、写真家などを配列しています。

あ行

か行

その他

は行

ま行

や・ら・わ行

【著者紹介】
上島　陽子（かみじま　ようこ）
長野県辰野町立辰野中学校 司書
長年、辰野町立辰野図書館、辰野西小学校の司書として勤務し現在に至る。『新鮮で使いやすい図書館に　学校図書館実務マニュアル』（長野県図書館協会、2010年）の編集委員を務める。ほかに『子どもに贈る昔ばなし 10 がまの皮』（小澤昔ばなし研究所、2010年）の再話など。長野県図書館協会、長野県学校図書館職員の会、信州豊南短期大学などで読書に関する研修の講師多数。

授業で役立つブックトーク　中学校での教科別実践集

2015年 8月 6日　初版第2刷発行
著　者　上島 陽子
発行人　松本 恒
発行所　株式会社 少年写真新聞社
〒102-8232　東京都千代田区九段南4-7-16市ヶ谷KTビル I
Tel（03）3264-2624　Fax（03）5276-7785
http://www.schoolpress.co.jp
印刷所　図書印刷株式会社

ISBN 978-4-87981-451-7　C3037

スタッフ　編集：石井 遥　DTP：金子恵美　カバーデザイン：中村光宏　／編集長：藤田千聡